わかりやすい

ソフトボールのルール

木田京子 監修

SPORTS SERIES

成美堂出版

わかりやすいソフトボールのルール
CONTENTS

PART 8 グラウンドと用具のルール 163

PART 9 審判のルール 195

※本書はソフトボールのルールをすべて網羅するものではありません。詳しいルールに関しては公益財団法人日本ソフトボール協会発行の『オフィシャル ソフトボールルール』『競技者必携』『オフィシャル ソフトボールルールケースブック』をご参照ください。

企画・制作
コンテンツ・プラス

取材・構成
新宮　聡／上野　茂
山本道生／城所大輔
村上ふみ／浅井貴仁
鈴木友子／髙岡隼人
岩元綾乃

コラム執筆
丸山克俊

執筆協力
大久保　亘

写真
髙木昭彦／真嶋和隆

デザイン
志岐デザイン事務所
熱田　肇／川内　連
田中宏幸／三國創市

企画・編集
成美堂出版編集部

Soft Ball

ソフトボールはこんなスポーツ

みんなで楽しめるのがソフトボールのいいところ

ソフトボールはみんなのスポーツです。それは、老若男女が楽しむことのできるスポーツだからです。

公益財団法人日本ソフトボール協会が開催している全国大会は、小学生からハイシニアの大会まで男女合わせて約40あります。そのほかに男女の日本リーグも開催されています。近年では全日本女子ナショナルチームがオリンピックにおいて、銀メダル（シドニー）、銅メダル（アテネ）を獲得。北京オリンピックでは金メダルを獲得し、国民を熱狂させました。

そして、地域社会や職場などでもさまざまな大会が盛んにおこなわれています。

本書は、この国民スポーツ＝ソフトボールのルールを初心者が見ても理解できるように整理して解説したものです。公益財団法人日本ソフトボール協会の「オフィシャルソフトボールルール」に準拠してまとめてあります。

また、PART8では、競技場のつくり方についても、詳しく解説してあります。丁寧に競技場をつくり、用具を大切にし、そして、ルールを熟読し、そのルールを遵守して、ソフトボールの魅力と迫力を大いに味わってください。

なお、巻末には、平成24年度から中学校体育授業でベースボール型＝ソフトボールが必修になっていることから、公益財団法人日本ソフトボール協会が制定した「学校体育ソフトボール基本ルール」についても解説しました。また、ソフトボール愛好者を増やすための「キャッチボール・コンテスト」も解説しています。さらには、ティーボール・ミニソフトボール・スローピッチソフトボールのルールの要点をまとめ、収録いたしました。

Soft Ball

ソフトボールはこんなスポーツ

大きなボールを投手が下手で投げる

野球との一番の違いは投手の投げ方

ソフトボールを見てすぐに野球との違いがわかるのは、ピッチャーが上からではなく下手で投げていることだ。また使っているボールも、手のひらに収まらないくらい大きなボールだ。

そして一塁だけは白とオレンジのベースが並んでいる。ソフトボールは一塁のきわどいプレイが多いので、安全のために走者と野手のベースを分けて、ぶつからないようにしているのだ。

下手投げ

➡P38

ソフトボールではピッチャーは下手投げで投げる。上手投げやサイドスローは禁止だ。

大きなボール

➡P184

野球よりも大きなボール。縫い目の形などは野球と変わらない。

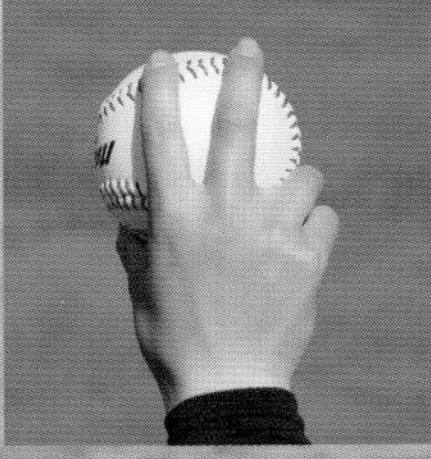

ダブルベース

➡P88

塁間が短く、一塁のクロスプレイが多いので、ベースが2つになっている。

タイブレーク

➡P158

延長戦ではランナーを二塁に置いてはじめるタイブレークを採用。

リエントリー

➡P150

リエントリーをうまく使えば選手の個性を活かした起用ができる。

Soft Ball

ソフトボールはこんなスポーツ

戦術・戦略性を高めるリエントリールール

延長戦はピンチの連続

ソフトボールは野球よりもピッチャーの力が大きく、投手戦が多くなる。このため、攻撃の戦術が醍醐味になっている。

例えば、リエントリーは、先発メンバーは交代しても1度だけ再出場ができるというルール。これを駆使することで守備力や得点力を高めるのだ。

それでも延長戦になることも多く、ランナーを置いてイニングをはじめるタイブレークというルールを適用する。延長戦はピンチとチャンスの連続になるわけだ。

Column

私のルール学習法(1)

ルールブックとのつきあい方

大学男子ソフトボール部の監督になってから、毎年、2冊の新しいルールブックを購入し、自宅と研究室に置いて一生懸命読みました。

しかし、チームの選手の前でルールブックを開くことは絶対にしませんでした。その理由は、選手たちに「監督はルールを知らない」と思われたくなかったからです。

したがって、その頃のルール学習法は、試合時に起こった解釈がむずかしいプレイについて、帰路の電車の中などでルールブックを開いて確認するというものでした。毎年熟読し、どこに何が書いてあるかはよくわかっていますから、この作業は容易にできます。そして、ルールブックを丁寧に読み返すことによって、その解釈や適用についてさらに深く理解できるようになります。

しかし、ルールの最も効率的な学習法は、もっと身近なところにあったのです……。

➡ P30につづく

PART1
ソフトボールの基本ルール

投げて打って守る

投手がボールを投げて打者がバットで打ち返す

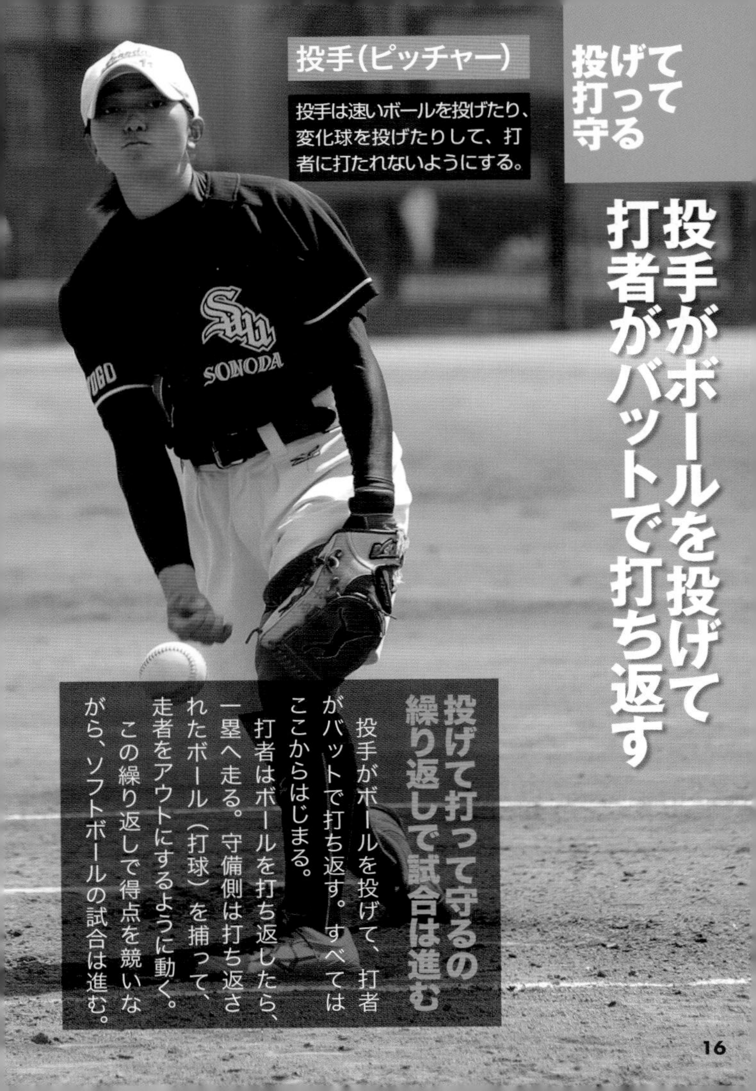

投手（ピッチャー）

投手は速いボールを投げたり、変化球を投げたりして、打者に打たれないようにする。

投げて打って守るの繰り返しで試合は進む

投手がボールを投げて、打者がバットで打ち返す。すべてはここからはじまる。

打者はボールを打ち返したら、一塁へ走る。守備側は打ち返されたボール（打球）を捕って、走者をアウトにするように動く。

この繰り返しで得点を競いながら、ソフトボールの試合は進む。

打者（バッター）

打者は投手の投げたボールを打ち、守備側が捕れない場所を狙ったり、強く大きい打球を打とうとする。

野手（フィルダー）

打者が打ったボール（打球）を捕って相手をアウトにするのが野手の役割。

攻撃側と守備側

攻守は、一般に球審のコイントスによって決定される

お互いのチームが攻撃と守備を交代でおこなう

攻・守の回数は1試合で7回ずつ

ソフトボールの試合は2つのチームが攻撃と守備を交互におこないながら進める。先に攻撃をするチームのイニングを表、後攻めを裏と呼ぶ。

表（先攻）のチームが攻撃を終了すると、裏（後攻）のチームが攻撃する。表と裏で互いに攻撃をおこなうと1イニングとなり、試合は基本的に7イニングで互いに得点を争う。

ただし裏のチームがリードして7回表を終了すると、攻撃しなくても勝利が確定しているため、裏の攻撃はおこなわない。また、7回終了時、同点の場合は、8回からタイブレーク（↓P158）により試合を継続する。

スコア表

両チームのイニングごとの得点を記入していくもの。公式試合では、3回15点、4回10点、5回以降7点以上の差は得点差コールドゲームとなる。

TEAM 1 2 3 4 5 6 7 8 9 10 R H E PL 1B 2B 3B B H
園田学園 1 1 2 岡安杉京 S E
日本体育 0 田 O Fc
光藤浦堂 56km/h
園田学園 9 8 7 6 3 DP 2 1 4 5
下村 中川 加藤 下山 白石 山口 服部 秋豆 池田 工藤
日本体育 4 8 9 DP 6 2 3 5 7 1
亀田 阿部 長谷部 木原 角野 安川 須藤 宮本 山田 長谷川

ベンチ

それぞれのチームのメンバーが待機する場所。一塁側と三塁側に設置する。ベンチ入り可能な人数は大会ごとに決められている。

得点

ソフトボールは得点を競い合うゲーム

ランナーが4つの塁を踏むと得点

攻撃側がアウトにならずに塁を一周し、本塁へ帰ってくると得点になる。勝敗はこの得点の数で決まる。

グラウンドには内野を囲むように4つの塁が設置されている。打者席の隣のただひとつ五角形なのが本塁、そこから左回り（反時計回り）に一塁、二塁、三塁と呼ばれる。

得点

走者が一塁から本塁まですべての塁を順に踏むと得点になる。ひとり本塁を踏むごとに１点。すべての塁に走者がいて、本塁打が出れば一挙に４点が入る。

左回り

ベースを回る方向は、陸上トラックなどと同じく左回り（反時計回り）。一塁から順に踏んでいく。

必要人数と守備位置

攻撃側は順番に打席に立ち守備側は9人で守る

ベンチ入りしたメンバーは試合途中で交代して出場することができる

試合中に選手は交代が可能

試合には1チーム最低9人が必要。指名選手（DP・FP）を採用すると10人になる。

両チームは試合開始前に打順表を提出し、攻撃側はこの順番で打席に立つ。試合中に打順を変えることはできない。

守備は9人で行なうが、投手と捕手以外はフェア地域内のどの位置で守備を行ってもよい。

またプレイヤーは、試合途中で控え選手と交代することができる。

なお、スターティングプレイヤーは、いったん試合から退いても、一度に限り再出場（リエントリー）できる。

守備位置の名前

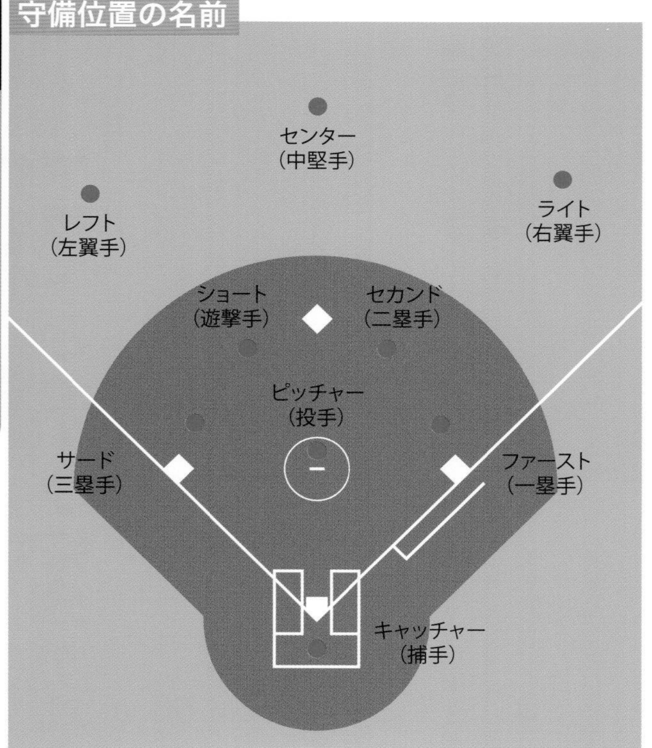

DPとFP

DP（DESIGNATED PLAYER）は打撃を専門にするプレイヤーであるが、守備につくこともできる。FP（FLEX PLAYER）は守備専門のプレイヤーであるが、DPの打撃を兼ねることもできる。DP、FPは、いつでも控え選手と交代できる（→P146）。

アウトとセーフ

打者の打撃結果はアウトとセーフに分かれる

アウトとセーフ

守備側は打者や走者をアウトにし、アウトが3つになると攻守交代する。

セーフなら出塁 アウトは3つで攻守交替

打者がフェア地域にゴロを打ち返し、そのボールの送球を野手が一塁に触塁して捕球するよりも先に一塁へ到達するとセーフ。守備者が打球を捕球、送球するなどして先に一塁を踏むとアウトになる。

また、フライ（ライナーを含む）を捕球されたり、ストライクを3つ取られたりしたときもアウトになる。

アウトになった選手は次の打順が来るまで攻撃に参加できない。

攻撃側はアウトにならないように努め、得点を目指す。

チェンジ

攻撃側のアウトが3つになると攻守交代する。

アウトが3つになるとチェンジ（攻守交代）となる。

試合場にあるカウント板は、Bがボール、Sがストライク、Oがアウトのカウントを示す。例えば、ストライクは2つまで表示し、3つ（アウト）になると表示が消え、かわりにアウトカウントが表示される。

ストライクは3つで三振ボールは4つで四球になる

ボール ストライクゾーンを外れたボールを見逃すとボールになる。スイングして空振りするとストライクになる。ボールを４つ選ぶと四球で出塁になる。

空振り、ファウルもストライクになる

ストライクは3つで三振になりアウト。ボールは4つで四球になり打者は一塁へ進む。

ストライクには空振り、見逃しがあり、さらに2ストライクまではファウルボールもストライクになる。

一方、ストライクゾーンを通過せずに、打者がスイングしなかった球がボールである。

見逃しストライク

ホームプレート上を通過したボールを見逃すとストライクになる。ストライクが３つになると三振で基本的にアウトになる。

ファウルでストライク

打ったボールがファウルボールと判定されればストライクカウントが増える。ただし、ファウルボールで３つ目のストライクはとれずカウントされない。

空振りストライク

ストライクゾーンに関係なく打者がボールを空振りしたらストライク。

試合が進んでいる状態がボールインプレイ

ボールインプレイ

試合が進行している状態をボールインプレイという。出塁しているランナーは塁を離れて進塁することもできるが、もちろんアウトになる危険もある。

ボールインプレイなら進塁できる

一連の流れの中で試合が進んでいる状態をボールインプレイ、試合が止まっている状態をボールデッドという。

例えば、投球し、打者が見逃す。捕手は返球し、次の投球へ入る。これは一連の流れの中でおこなわれている。

一方、野手の送球が逸れ、ボールがベンチの中へ入ったときなどは一度プレイが中断し、適切な処置がとられる。主審の「プレイ」の合図があるまでボールデッドになる。

ボールデッド

タイムやファウルボールが打たれたときなど、試合が一時停止している状態をボールデッドという。

プレイコール

ボールデッドからボールインプレイに移るときは主審が「プレイ」のコールをおこなう。

Column

私のルール学習法（2）

「わからない」ことがわかった

毎年、ルールブックを購入して読み続けてきて10年が経過したころ。ハッと気づかされ、はっきりとわかったことがあります。それは、「ルールブックはいくら読んでもわからない」ということです。

考えてみれば、グラウンドで展開される一つひとつのプレイには、まったく同じプレイがあるわけではなく、また、人間がプレイしているわけですから、オフィシャルルールの条文のみで対処するには限界があります。解釈がむずかしいプレイも当然起こるからです。

そして、私のルール学習法は一変しました。試合中、選手の前でも堂々とルールブックを開くようになりました。はじめて試合中にルールブックを開いたときに審判員の方が発した一言は、「先生！ 私たちにそんなにプレッシャーをかけないでよ」でした。「ルールブックの解釈のむずかしさ」は、審判員のみなさんがもっともよく理解している、と考えさせられた瞬間でした。その日はなんだか清々しい気分になったことを覚えています。

丸山克俊

PART2
ピッチャーのルール

ストライクゾーン

投球がストライクゾーンを通過すればストライク

ストライクとボールのルールを知ろう

空振りやファウルチップもストライクになる

ピッチャーの投げたボールはストライクとボールに判定される。基本は投球がストライクゾーンを通過したときにストライクになる。ストライクゾーンならば投球が打者に当たっても死球にはならない（↓P80）。そして、これは打者が自然に構えたときの、みぞおちとヒザの皿の底部の間で判定される。また、ストライクゾーンを通っていなくても空振りしたり、ファウルチップ（バットにチップした打球を捕手に直接捕球されること）はストライクとなる。ちなみに、球審が〝プレイ〟を宣告して10秒以内に打撃姿勢をとらないときもストライクを宣告される。

ストライク

ストライクの上限はボールの最上部がみぞおちの高さに接したとき。下限はボールの最下部がヒザの皿の底部に接したとき。

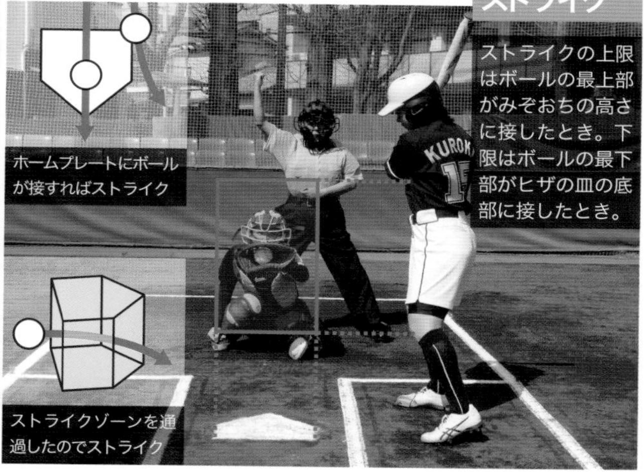

ホームプレートにボールが接すればストライク

ストライクゾーンを通過したのでストライク

ボール

ストライクゾーンを通過しないときや、たとえ通っていても手前でバウンドしていたらボールだ。

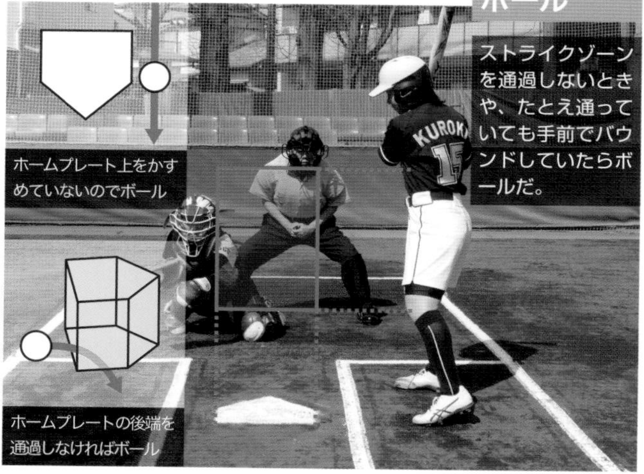

ホームプレート上をかすめていないのでボール

ホームプレートの後端を通過しなければボール

投球の準備

投手はボールを持ちピッチャーズサークルに入る

20秒以内に投球する

プレート（投手板）を中心にした円をピッチャーズサークルといい、投手はこの中で投球準備に入る。

投手は球を受けるか、球審がプレイを指示したのち、20秒以内に次の投球をしなければならない。これは試合進行をスムーズにするためのものであり、20秒を過ぎると、ボールデッドとなり、打者に対してワンボールが宣告される。

サークルに入る

投手がボールを持ってサークル内に入ったら、走者は進塁か帰塁かを速やかに決めなければいけない。

ボールを持っていてもサークル内に入っていなければ投球の準備とみなさない。また、プレート近くでボールを持たずに投球姿勢をとってはいけない。

プレートの踏み方

両手を離してプレートには軸足で触れる

捕手と正対するように立つ

投球動作をはじめる前に、ピッチャーは両手を離して軸足でプレート（投手板）を踏まなければならない。

また、腰の左右を一塁と三塁を結んだ線と平行にする。つまり捕手と正対するように立たなければならないということだ。

そして、サインの交換はプレートを踏んだ状態で、両手を離して、グラブまたは手にボールを保持しておこなう。

投球の準備動作では両手を触れたままでプレートを踏むことはできない

両手を離していれば、手は体側にあっても前後にあってもよい

軸足でプレートを踏む

○

軸足でプレートを踏んでいる

×

軸足がプレート横に外れている

腕を1回転させて投げるのが ウィンドミル投法

軸足(写真では右足)の力も使ってさらに前方への加速をつける
自由足を大きく踏み込む。このとき軸足をずらして、投球板以外の地点を蹴り出してはいけない

腕を回転させる勢いで スピードボールを投げる

投法には大きく分けてウィンドミルとスリングショットの2種類がある。現在、広く使われているのはウィンドミル。腕を回転させ腕のやや内側を腰に接触(ブラッシング)させることで、投手にとって最大の武器であるスピードボールが投げられるからだ。

大切なことは、どんな投法でも、投球動作に入る前に必ず2秒以上、5秒以内完全停止をすることだ。また、このとき両手でボールを持つが、その位置はカラダの前でも横でもよい。その他、打者や走者を混乱させるような動作は禁止(↓P44)。

ウィンドミル投法

ボールを両手で持って、2秒以上5秒以内の完全停止

始動時、後方に一度タメをつくった後、前傾姿勢をつくり始動する

タメを利用して自由足（写真では左足）を蹴り出す

腕をカラダの後方から大きく回す

体側でボールをリリース。軸足は自然に自由足のほうへ引き寄せる

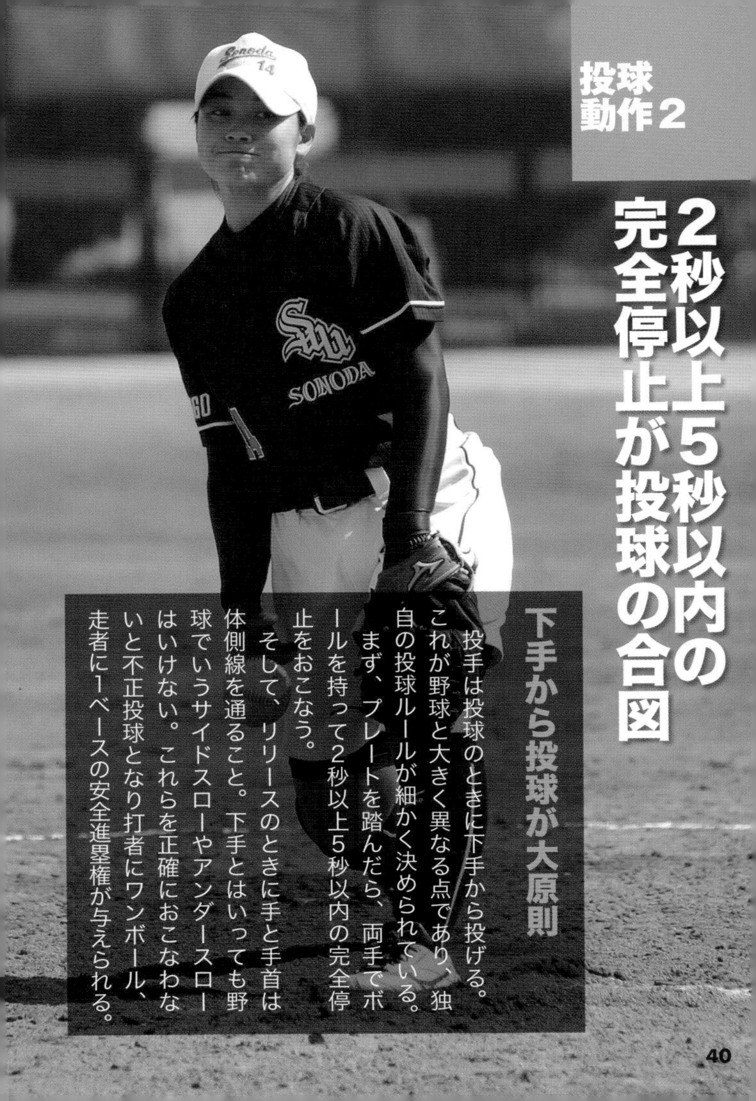

投球動作2

2秒以上5秒以内の完全停止が投球の合図

下手から投球が大原則

投手は投球のときに下手から投げる。これが野球と大きく異なる点であり、独自の投球ルールが細かく決められている。

まず、プレートを踏んだら、両手でボールを持って2秒以上5秒以内の完全停止をおこなう。

そして、リリースのときに手と手首は体側線を通ること。下手とはいっても野球でいうサイドスローやアンダースローはいけない。これらを正確におこなわないと不正投球となり打者にワンボール、走者に1ベースの安全進塁権が与えられる。

完全停止

投球前の構えでは必ず完全停止をする。

カラダの横で構えてもOK

両手でボールを持ち、カラダの前で構える

リリースポイント

投球する腕の内側を腰に接触するようにして、ボールを弾き出すように投げる。

×

手と手首が体側から離れてしまっている

○

腰の横を通っているのが理想

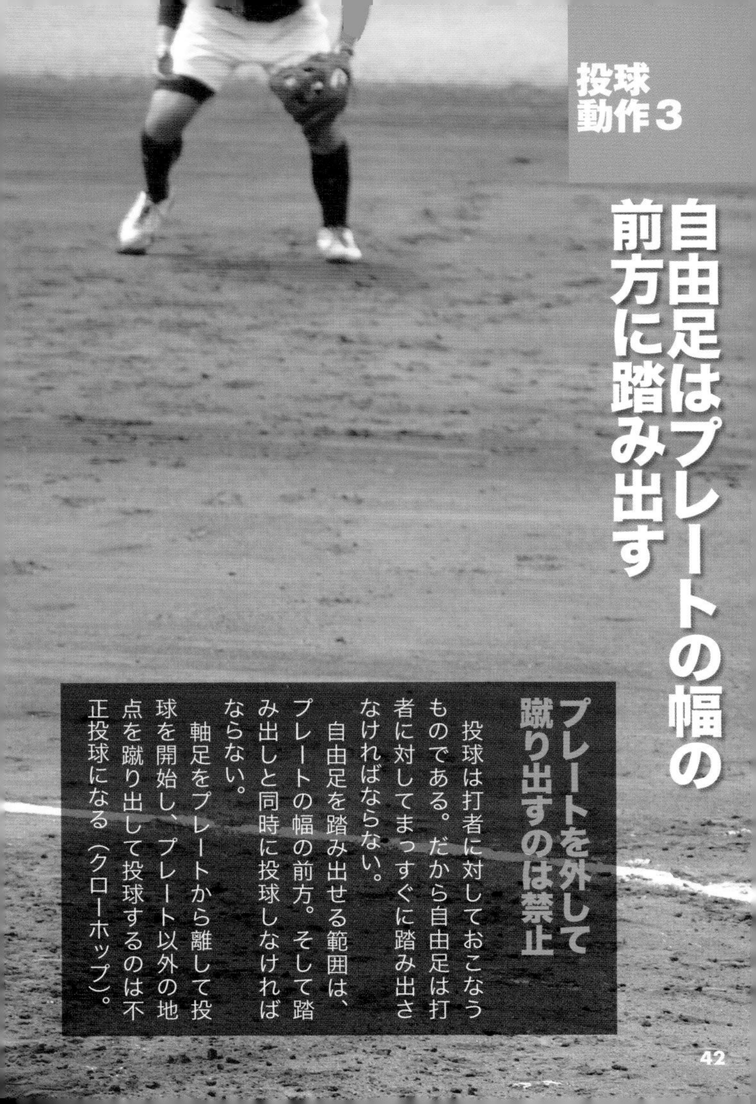

投球動作3

自由足はプレートの幅の前方に踏み出す

プレートを外して蹴り出すのは禁止

投球は打者に対しておこなうものである。だから自由足は打者に対してまっすぐに踏み出さなければならない。

自由足を踏み出せる範囲は、プレートの幅の前方。そして踏み出しと同時に投球しなければならない。

軸足をプレートから離して投球を開始し、プレート以外の地点を蹴り出して投球するのは不正投球になる（クローホップ）。

自由足の踏み出せる範囲はプレートの幅

軸足をプレートから蹴り出していれば、跳んで（リーピング）着地し、一連の動作の中で投球してもよい

投球動作の禁止事項

打者や走者を惑わす行為やクローホップは禁止

クローホップに注意

投手は、投球動作中に紛らわしい動きをしてはいけない。具体的には腕の2回転や逆回転、ウィンドミルとスリングショットの組み合わせ、一度両手で持ってセットに入ってから再び片手を離す、といった行為がこれにあたる。

また投球時に投手板以外の地面に軸足をずらして、投手板以外の地点を蹴り出して投球するクローホップは不正投球である。

しかし、投手板を蹴り出した一連の動作でカラダ全体が空中にあって、ホームプレートに向かって動き着地するリーピング（ジャンピングスロー）は合法的な行為である（2012年度よりISFルールに合わせて改正された）。

リーピング（ジャンピングスロー）

投手板の蹴り出しによって、投手の軸足と自由足の両方を含むカラダ全体が空中にあって、ホームプレートに向かって動いている場合はOK。

クロ一ホップ

投球時、投手板以外の地面に軸足をずらして、投手板以外の地点を蹴り出して投球すると不正投球となる。

不正投球

打者が打たなかったとき(空振りを含む)

①ディレードデッドボール(→P206)
②ワンボール
③走者に1つの安全進塁権(→P110)

打者が打ったとき(空振りを除く)

①ディレードデッドボール
②攻撃側の監督がプレイの結果を生かすか、不正投球をとるか選択できる

死球になったとき

打者は一塁へ、走者に1つの安全進塁権(監督の選択権はなし)

突発的事情で投手がプレートを外したとき

審判の判断でタイムが宣告される

投球姿勢後の塁への送球

投球姿勢をとったら、不用意にプレートを外すことはできない

塁へ送球するのはプレートから両足を離してから

アピールプレイなど必要なときだけ

投手は投球姿勢をとってからも、プレートを外せる場合がある。

走者が帰塁せずに塁を離れているときや、打者がボックスを外したとき。またアピールプレイをしようとしたときなどである。

このときの順序は、両手を離す前にプレートの後方に両足を外し、その後送球する。

また突発的事情（虫が飛んできたなど）で投手がプレートを外したときは、審判の判断でタイムをかける。

プレートの外し方

まずプレートの後方に両足を外す

その後に両手を離して送球する

足をプレートから外していない

そのまま両手を離して送球している

異物の使用とロジン

ロジンはボールの滑りを抑えるために使用

ロジンを指先につけるのはOK

指先のテープや手首のバンドはダメ

ボールが汗などで滑るのを抑えるのがロジンである。投手はこれを指先につけて投球することができる。

しかし、投球するほうの指先にテープを巻いたり、手首や腕にバンドや腕輪などをつけたりすることは禁止されている。

また、守備側のメンバーは、審判員により事前に確認されたロジン以外のものをボールにつけてはいけない。

ロジンの使用

ロジンは投球する指につけるのが原則。グラブやボールに直接つけることは禁止だ。

異物の使用

ボールに異物をつけてはいけない。さらに投手は投球する手の指にテープを巻いたり、手首や腕にバンドなどもつけられない。

無効投球になる場合

クイックリターンピッチや離塁アウト時などは無効投球

無効投球後のすべてのプレイが無効

無効投球（ノーピッチ）になると、その投球自体がなかったことになり、これにともなうすべてのプレイが無効になる。

無効投球になるのは以下のとき。

①ボールデッド中の投球
②クイックリターンピッチで、打者が準備できていないうちに次の投球をする
③走者が離塁アウトになったとき
④投手をジャマする野次や行為があったとき

走者が離塁アウトになると、
その投球は無効になる

投手は打者が打撃姿勢をとってから投球しなければいけない。打撃姿勢をとる前に投げると無効投球になる

ボールのスリップ

投球動作中のスリップはワンボールになる

投球動作中にスリップするとワンボールになる。

投球動作中にボールを落とす

投手が誤ってボールを落とした場合、これが投球動作に入る前ならば、ボールインプレイのまま試合は続けられる。つまり、投手はプレートを外して投球し直せばよい。

投球動作に入った後に手から球がスリップするとワンボールになる。ボールインプレイなので各走者はアウトになる危険を承知で進塁できる。

投球動作中にスリップ

投球動作前にスリップ

完全停止に入るときなど、投球動作に入っていなければカウントに影響はない。

Column

ルールの周辺（1）

スリングショット投法

この本で解説しているウィンドミル投法以外にスリングショット投法という投げ方もあります。

腕を後ろに大きく振り上げて、そこから投げる投法で、ゴムによって球を飛ばすパチンコに似ていることからこの名で呼ばれています。ソフトボールを楽しむ上で基本的な投球ですが、ウィンドミル投法が主流の昨今、全国大会を目指す試合では、あまり使われていません。

丸山克俊

本塁に正対して立つ

利き手を引くようにテイクバックを開始

後方にテイクバックした状態

投球腕を前に振ってボールをリリース

PART3
バッターのルール

バッターズボックスで打つ

バッターズボックスから出て打ったらアウト

打者はバッターズボックスで打つ

本塁に触れてもアウトになる

本塁プレートの左右にある枠をバッターズボックス（打者席）といい、右打者は右打席、左打者は左打席に入る。

打者はバッターズボックスの中で打たなければいけない。ボックスを完全に出てしまったり、本塁プレートに触れたりしたら不正打球でアウトになる。ソフトボールでは、前に出ながら打つ「スラップ」が多用される。そのため、バッターズボックスから足が出ることも多いので注意しよう。また、バッターズボックスから出てスイングしてもバットに当たらなかったときは不正打球にはならない。

ボックス内で打つ

×

片足が完全に出てしまっている。ラインを踏んでいる状態はOK

○

バッターズボックス内ならば、前後左右自由に動いて打つことができる

×

スラップを狙うときには特に注意。ボックスの前や一塁方向へも踏み出してしまいやすい

×

バッターズボックスからは出てはいないが、本塁プレートを踏んでしまっている

〝プレイ〟宣告後10秒以内に打撃姿勢をとる

バントの姿勢も打撃姿勢

投手の投げたボールを打者が打とうとする姿勢が打撃姿勢である。

打者は審判のプレイ宣告後、10秒以内にバッターズボックス内でこの姿勢をとらなければならない。

もし、プレイ宣告後10秒たっても打撃姿勢をとらなかった場合、審判は打者に対してワンストライクをコールする。

また、打撃姿勢にはバントの構えも含まれる。送りバントなどではじめからバントの姿勢をとれば、打撃姿勢に入ったとみなされる。

打撃姿勢 ○

バッターズボックスの中で打撃姿勢をとる

バッターズボックスには入っているが、打撃姿勢はとっていない

×

バント

バントの構えも打撃姿勢である

サインの確認

投球間にサインの確認や素振りをするときは打者席内に片足を置いておかなければならない

打席の結果

打撃が成功すれば走者になれる 失敗ならアウトになる

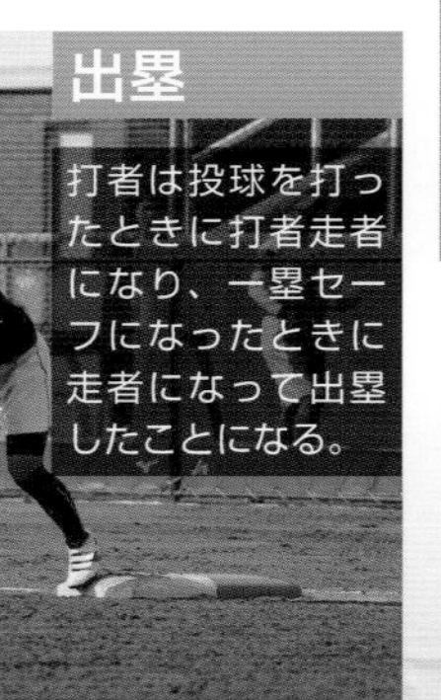

出塁

打者は投球を打ったときに打者走者になり、一塁セーフになったときに走者になって出塁したことになる。

打者は走者になることを目指す

走者は3つの塁を回って本塁へ戻ってくれば得点になる。
走者になるには、ヒットを打てばよい。ヒットとは野手が守れないところに打って、セーフになることだ。
フライを捕られてしまったり、一塁へ到達する前に一塁ベース上で捕球されてしまうとアウトになる。
ヒット以外にも、失策や野選、四死球などで走者になる方法もある。

アウト

打者は打っても、フライを捕られたり、ゴロを捕球した野手の一塁送球より前に一塁に到達できなければアウトになる。

ストライクが3つで三振 打者はアウトになる

2ストライクから空振りしたら三振

ファウルでは三振にならない

打者はストライクを3つとられると三振になり、基本的にアウトになる。ストライクになるのは本塁プレート上のストライクゾーンをボールが通過したとき、空振りしたとき、ファウルやファウルチップになったとき（↓P32）だ。

ただし、スイングしてファウルになったときのストライクカウントは2つまでしか増えない。つまりファウルでは三振にはならないのだ。

また、振り逃げ（第3ストライクルール）で出塁した場合でも、その打席は三振が記録される。このため、1イニングに4つ以上の三振が記録されることもある。

見逃し三振

2ストライクからストライクの投球を見逃しても三振

振り逃げ（第3ストライクルール）

第3ストライクの三振のボールを捕手が落球したら、振り逃げで一塁へ走塁できる（→P84）

バントのルール

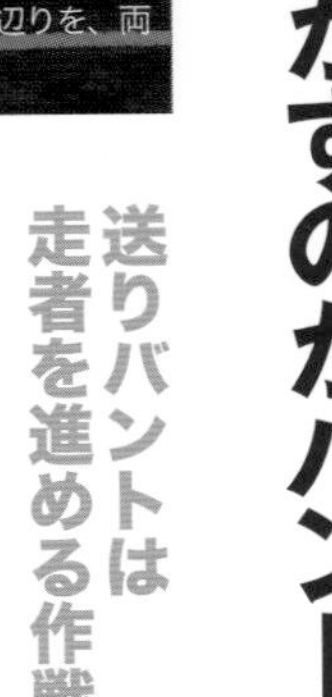

バットを振らずに当ててボールを転がすのがバント

バントの基本姿勢。バットのグリップと根元の辺りを、両手を離して握る

送りバントは走者を進める作戦

バントとはバットを振らずに、ボールに当てて転がす技術をいう。ボールを待ち構えて当てるので、一般にスイングするよりも簡単にバットに当ててゴロを打ちやすい。

打撃姿勢から一転して一塁セーフを狙うセーフティーバントや、走者を先の塁に進ませるための送りバント（犠牲バント）、三塁ランナーを返すために行うスクイズバントなどがある。

バントの構えで投球が通過すると空振りとなるので、投球を見送るときはバットヘッドをカラダのほうに、すばやく引くようにする。

スリーバント

通常の打撃の場合は、2ストライクからのファウルはカウントされないが、バントの場合はスリーバントアウトになる

見送り方

バントの構えで投球を見送るときは、カラダのほうにバットヘッドを引く形をとる。

バットを手から離したり捕手の妨害をするとアウト

バットを投げる

バットを手から離して打ったら反則をとられ、アウトになる。

不正バット、変造バットは打席に持ち込んではいけない

バッターは三振以外にも以下のような反則をするとアウトになる。

①バットを手から離して打ったとき
②試合前に検査を受けなかった不正バットや、バットに何らかの手を加えた変造バットを打席に持ち込んだとき
③守備妨害をしたとき
④投手が両足をプレートに触れてから打者が打席を変えたとき

守備を妨害

打者は捕手の送球や守備を妨害してはいけない。

使用するバット

打席に持ち込めるバットは、試合前に審判の用具検査を受けたもの。不正なバットを使うのはもちろん反則だ。

ファウルラインによってフェア・ファウル地域が区別される

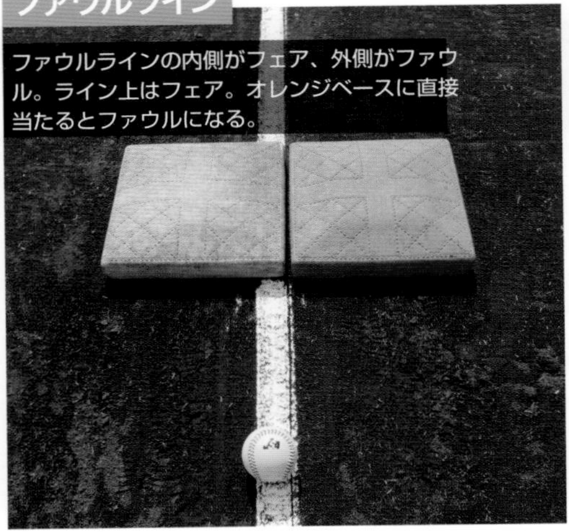

白色ベースとポールに当たってもフェアである

一・三塁側の2本のファウルラインに挟まれた内側をフェア地域（ライン上を含む）、外側をファウル地域と呼ぶ。ボール（打球）とファウルライン（上方空間を含む）の位置関係によってフェアとファウルが判定される。

特別な例として、バウンドしないボールがポールの内側を巻いてフェンスを越えたときは、落ちたところがファウル地域でも本塁打になる。

審判や選手に当たったときは、ボールが転がった場所ではなく当たった場所がフェア地域かファウル地域かで判断する。

細かいケースは左ページの図参照。

ファウルライン

ファウルラインの内側がフェア、外側がファウル。ライン上はフェア。オレンジベースに直接当たるとファウルになる。

フェアとファウル

以下、フェア、ファウル打球の例を示す。

・・・・・・・・・・・・・・・・ 転がる　⚾ 止まる
――――――――― 飛ぶ　※ 当たる

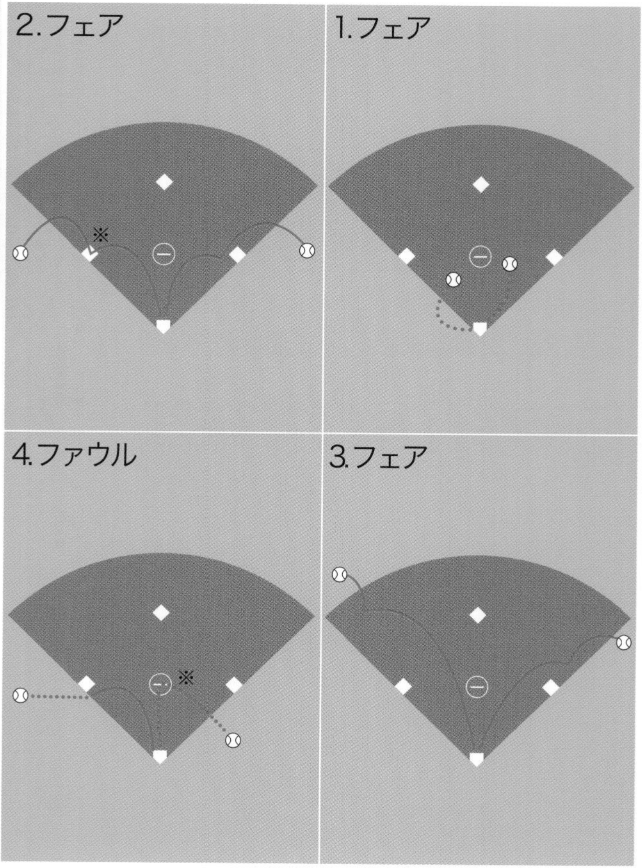

1.フェア

2.フェア

3.フェア

4.ファウル

ファウルチップとハーフスイング

スイングを途中で止めるのがハーフスイング

ファウルチップ

バットにボールがチップし捕手が直接ミット（グラブ）または手で捕球することをファウルチップという。これはストライクになる。

2ストライクからのファウルチップは三振になる

チップされた打球を捕手が顔や腹などカラダで受け止めたり、ワンバウンドしたりすればファウルボール

ハーフスイング

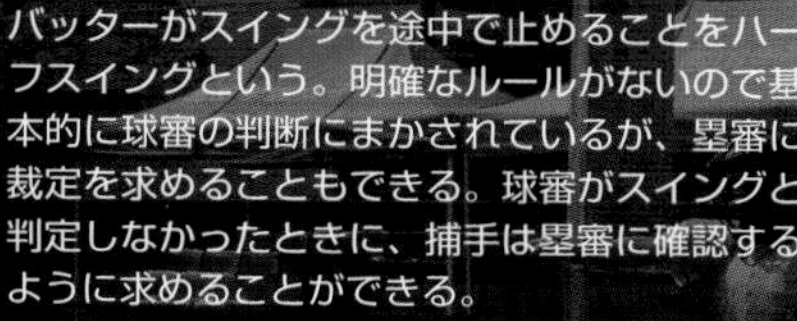

バッターがスイングを途中で止めることをハーフスイングという。明確なルールがないので基本的に球審の判断にまかされているが、塁審に裁定を求めることもできる。球審がスイングと判定しなかったときに、捕手は塁審に確認するように求めることができる。

打者のカラダの中心線よりもバットが前に出ているのでスイングをとられる可能性が高い

バットは出ているが手首が返っていないので、スイングをとられない可能性が高い

腰は回転しているがバットは止まっているので、おおむねスイングをとられない

打順表（ラインアップカード）

打順表にしたがって打者になる

次打者はサークルの中で、それ以降の打者はベンチで待つ

審判が試合前に打順表を確認し両チームが控えを交換する

攻撃側の選手は打順表（ラインアップカード）の順番で打席に入る。次打者（オンディックバッター）は次打者席で待機しなければならないが、次打者は守備側のプレイのジャマをしてはいけない。なお、安全面を考慮し、打席にいる打者が右打者の場合は三塁側、左打者の場合は一塁側の次打者席で待機しなければならない。また走者が三塁から本塁へ進塁してくるときには、次打者席から出て指示をすることができる。打撃中にチェンジになったとき（盗塁を試みた走者がアウトになるなど）は、もう一度その打者が次の回の先頭打者になる。

打順表(ラインアップカード)

試合前に選手のラインアップを書いた打順表を相手チームと交換する。この順番で打席に立つ。

次打者席

ネクストバッターズサークルは次打者が待つ場所。ここに持ち込めるバットは、ウォームアップ用バットを含めて2本まで。

打順の誤り

打順間違いは守備側のアピールプレイ

次の打者はネクスト
バッターズサークル
で順番を待つ

打順の誤り

攻撃は打順表の順番でおこなわれる。試合の途中で打順を変更することはできない。打順の誤りは守備側のアピールプレイである。アピールプレイは監督、コーチ、選手が審判員にアピールすることによって裁定されるものである。守備側がアピールしなければ、そのまま試合は続行される。

間違った打席中にアピール
↓
ボールカウントを引き継いで正しい打者が打つ
↓
ここまでの進塁や得点は有効

打撃完了後にアピール
↓
正しい打順の打者がアウト
↓
出塁は取り消し、進塁や得点も無効

次の打者への投球後にアピール
↓
アピール権はなく、認められない
↓
間違った打順の結果はすべて有効

Column

ルールの周辺（2）

テンポラリーランナー

捕手や投手が塁上の走者となっていて二死となったとき、あるいは二死後、捕手や投手が出塁し、走者となったとき、代わりにテンポラリーランナーを使用することができる。

・テンポラリーランナーと交代させるかどうかは、攻撃側チームの選択である。

・二死後であれば、いかなる時点でもテンポラリーランナーを使用することができる。

・テンポラリーランナーを使用するときは、塁上の走者以外の選手で、打順が最後に回ってくる者をテンポラリーランナーとする。

（注） テンポラリーランナーに間違った選手が出た場合には、正しい選手と交代させる。（それにたいするペナルティはない）

151ページにも掲載されているこのルールは、プロテクターなど防具の装着義務のある捕手や投手が攻守交代に時間がかかることを配慮したものになります。

丸山克俊

PART4
バッターランナーのルール

打者走者になるとき

フェア地域に打ったときバッターは打者走者になる

長打などでプレイが続く間は打者走者だ

そのプレイが終わるまでバッターランナーになる

打者がフェアの打球を打ち、一塁（もしくはその先の塁）に走って、そのプレイを終えるまでを打者走者（バッターランナー）という。

飛んだ打球がゴロの場合、野手がそのボールを一塁へ送球し、一塁手がベースに触塁して捕球する前に、一塁ベースに到達できセーフとなった後は走者（ランナー）になる。打球がフライになり直接捕球されたときはアウト（→P82）だ。

また、四死球などで打者が一塁に出塁するまでや、フェンス越えのホームランを打って塁を回っているときなども打者走者の状態といえる。

フェア打球を打つ

打者は投球を打ったときに打者走者になり、一塁セーフになったときに走者になって出塁したことになる。

フォアボール、デッドボールは一塁に出塁できる

四球(フォアボール)
打席でボールカウントが4つになれば四球(フォアボール)で安全に一塁に進塁できる。

打者走者一塁へ到達するまでは

打者が打席で4つのボールを選ぶと、四球(フォアボール)になる(ボールインプレイ)。

また、ピッチャーの投球が打者のカラダに当たった場合は、基本的に死球(デッドボール)となる。これらの場合、打者は一塁へ安全に進塁できる安全進塁権(➡P110)を得る。

ただし、投球せずに故意に四球を与えることもできる。この場合、投手、捕手、あるいは監督が球審に通告する。通告はいかなるボールカウントでもできる。故意四球はボールデッドとなる。

死球（デッドボール）

ボールになる投球が打者のカラダに当たると死球（デッドボール）になり、一塁に進塁できる。

×

投球に自分から当たりにいったり、よけようとしないで当たったり、ストライクゾーンで当たったときは死球にならない。

フライが直接捕球されたとき打者走者はアウトになる

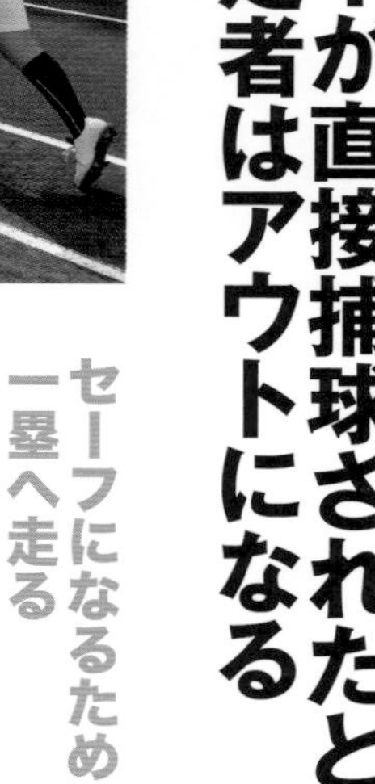

一塁に間に合わずアウト

一塁へのボールの到達が打者走者より早いと打者走者はアウト

セーフになるために一塁へ走る

打者はボールをフェア地域に打ち返したとき打者走者になる。打者走者は自分がセーフになるために一塁へ走り、守備側はこの打者走者をアウトにするべく努力する。

打球がフライなら、直接野手が捕球すれば打者走者はアウトになる。

ゴロのときは野手が打球を捕り、一塁へ送球するか一塁を直接踏みにいく。これが打者走者の一塁到達よりも早ければ、打者走者はアウトになる。

同時はセーフ

打者走者と送球の一塁到達が同時ならば打者走者はセーフだ

フライの捕球

フライを落とさないで野手が捕球したらアウト

振り逃げ
（第3ストライクルール）

第3ストライクのボールを捕手が捕球できなかったとき、打者は一塁へ走ることができる

第3ストライクのボールを捕手が落球すると振り逃げできる

三振をしても必ずアウトになるわけではない

振り逃げ（第3ストライクルール）とは、第3ストライクのボールを捕手が捕球できなかったとき、または第3ストライクとなる投球がバウンドし、それを捕手が捕球した場合に、打者走者として一塁へ走ることができるルール。ただし、これは、無死または一死で一塁に走者がいないとき、二死のときに限られる。

打者走者が一塁でセーフとなった場合、三振は成立したがアウトにならなかったということになる。第3ストライクルールが適用状態であるのに、打者が気がつかずベンチに戻るとアウトが成立する。

一塁走者のいないとき

振り逃げはランナーが一塁にいないときにしか成立しない。ただし、ツーアウトならばランナーが一塁にいても振り逃げできる。

打者が気づかない

捕手が第3ストライクのボールを落としたことに気づかないでベンチに戻ったり、タッチされればアウト

インフィールドフライ

わざと落としたボールによるダブルプレイを避けるためのルール

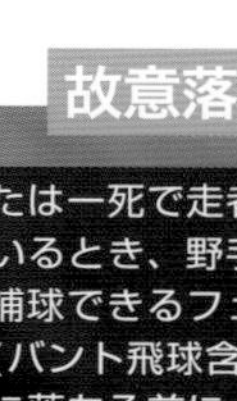

故意落球

無死または一死で走者が一塁にいるとき、野手が容易に捕球できるフェアフライ（バント飛球含む）を地面に落ちる前に、手またはグラブで触れ、故意に落としたときに適用され、ボールデッドで打者アウトとなる。

打者は捕球に関係なくアウト

例えば、無死満塁の場面で、内野フライが上がったとする。捕球される確率が高いので走者はもちろん帰塁する。しかし、このフライを野手がわざと落としたら……。本塁、三塁、二塁にすばやく送球され、トリプルプレイになってしまう。

こんなプレイを防ぐために、審判が宣告するのがインフィールドフライだ。無死または一死、走者一・二塁、満塁のケースで適用される。打者走者はインフィールドフライ宣告の瞬間アウトになるが、ボールインプレイのため、各走者は、野手が落球した場合には危険をおかして進塁できる。

インフィールドフライ

インフィールドフライは無死または一死で走者が一、二塁、もしくは満塁で、内野手が簡単に捕球できるフライ(ラインドライブやバント飛球を除く)が上がったときに審判が宣告する。

ダブルベースの踏み方

基本的に野手は白ベース 走者はオレンジベースを踏む

ダブルベース

打者走者と野手がぶつかることを防ぐために一塁ベースを二つにするソフトボール特有のルール。

野手が使用

打者走者が使用

オレンジベースはファウルラインの外にある

長打のときはどちらのベースでもOK

クロスプレイによる危険を防止するために、ソフトボールでは一塁にダブルベースを採用している。基本的に打者走者はオレンジベース、野手は白ベースを踏む。打者走者が白い部分だけに触れて通過したとき、野手はアピールプレイでアウトにできる。

ただし、長打で先の塁へ進塁するときや、二塁をうかがうためにオーバーランをするとき、また、特例として一塁側のファウル地域からプレイがおこなわれたときは、打者走者・野手ともに、どちらのベースを使用してもよい。さらに野手がオレンジベースを使用しているときは、打者走者はフェア地域を走ることができる。

打者走者はオレンジベース

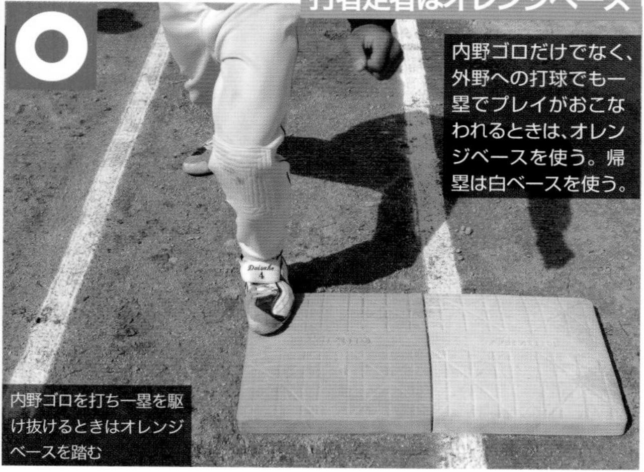

○

内野ゴロだけでなく、外野への打球でも一塁でプレイがおこなわれるときは、オレンジベースを使う。帰塁は白ベースを使う。

内野ゴロを打ち一塁を駆け抜けるときはオレンジベースを踏む

×

打者走者が白ベースを踏み一塁手と接触があったときは、即座にアウトになる

スリーフットレーン

スリーフットレーンとは打者走者が走る区域

打者走者が一塁に向かうときはスリーフットレーンを走る

外側を走って守備を妨害するとアウト

スリーフットレーンとは、打者走者の走る範囲を示したものである。本・一塁の中間から一塁ベースまで引かれていて、走者は基本的にこの中を走らなければならない。

この外側を走って一塁の守備を妨害するとアウトになる。ただし打球を処理しようとしている野手がいるときは、外側を走ってもよい。また、完全に外野に抜けた打球の場合など、二塁をうかがうような場合はスリーフットレーンの外側へふくらむのが一般的。だが、この場合も守備を妨害するとアウトになる。

スリーフットレーン

スリーフットレーンは本・一塁の中間から91cmの幅で引かれている

一塁に向かう打者はこの中を走るのが基本だが、二塁に向かうためにオーバーランするときなどはこの外側を走ってもいい。ただし、守備の妨げになってはいけない。

後ずさり

後ずさりした時点でアウト

一塁までの間でタッチされるのを避けるために後ずさりするとアウトになる。

2度打ち

打者走者がフェア地域内で再度バットを当てる

両足が打者席内にあってバントした打球が再びバットに当たった

打球がバウンドするなどして、2回以上バットに当たっても、両足がバッターズボックス内にあるときはファウルとなる。同様に打った打球が自分のカラダに当たってもファウルだ。フェアボールに対してバットを当てたり、野手の守備の妨害になったときはアウトになる。

スイングして打球が直接カラダに当たったときはファウル

落としたバットが当たる

落としたバットに打球が当たったときは、フェア地域ならば成り行きでボールインプレイ。ファウル地域で当たったときは、ファウルになる。

ファウル

ファウル地域だとボールにバットが当たってもファウルになる

アウト

転がったボールにバットをぶつけるとアウトになる

守備妨害1

ボールに対しては守備者優先 ジャマすると守備妨害になる

バッターズボックスに立ち止まり捕手の守備を妨害

本塁付近での妨害

バントをフェアグラウンドに転がした打者走者がその場で立ち止まっていると、捕手の守備を妨害してしまうことがある。

送球も故意に妨害してはいけない

ボールに対しては守備者が優先される。そして、守備妨害とは、打者や走者が野手の守備機会を妨害することをいう。

本塁前の打球を処理しようとしている捕手と打者走者がぶつかったり、送球を故意に妨害したりすると打者走者がアウトになる。

また、打者走者がスリーフットレーンの外側を走り、送球や捕球を妨害したときも同様にアウトである。

スリーフットレーンの守備妨害

スリーフットレーンは打者走者が走るために設けられた場所。ここでは基本的に打者走者による守備妨害は起こらない。

スリーフットレーンの外を走って送球に当たったら、守備妨害で打者走者はアウトになる

スリーフットレーンを走っていれば、送球が当たっても守備妨害にはならない

守備妨害 2

打者走者以外の守備妨害でも打者走者はアウトになる

接触がなくても、審判がダブルプレイを妨害したと判断したらアウトになる

ダブルプレイの妨害

一塁ランナーが二塁へ走り込むときに、ダブルプレイになるのを避けようと、走路から外れて野手の送球や捕球のジャマをすると、妨害がなければダブルプレイにできたという仮定から、妨害したランナー、打者走者ともにアウトになる。

次打者がキャッチャーの守備を妨害

次打者による妨害

次打者が野手の守備機会を妨害したときは、打球を打った打者（打者走者）がアウトになる。

メンバー以外の妨害

観客などチームメンバー以外の者がプレイングフィールド内に入って野手が捕れるであろうフライ捕球を妨害したときは、打者（打者走者）がアウトになる。

Column

ルールの周辺(3)

競技場づくりはルール遵守の第一歩

国民スポーツ＝ソフトボールを陰で支えている人々は、(公財)日本ソフトボール協会が認定する公認審判員であり公式記録員です。もちろん、各協会、連盟の役員諸氏によって構成される大会委員や競技委員の方々もいます。いずれもボランティア・スピリットに支えられたソフトボールの指導者であり、応援団です。

私が所属する大学にはかつて5面のソフトボール球場がありました。そこで、関東地区レベルの大きな大会を数回、事務局として運営したことがあります。

雨天後の早朝から多数の審判員や関係者が駆けつけてくれ、長靴、スコップ姿でグラウンドづくりをしてくださったことが忘れられません。若い頃にこのようなボランティア・スピリットに触れることができたことは、私にとって大きな財産になっています。

立派な競技場をつくることは、ルールを遵守する精神をつくる第一歩だと私は思います。正しい競技場のつくり方を学びましょう。

競技場づくりの手順については、p174〜p183に詳しく解説しています。

丸山克俊

PART5
ランナーのルール

進塁と逆走塁

一、二、三、本塁の順番でランナーは進塁する

走者は常にひとつでも先の塁を狙う

塁を踏み忘れても逆走塁ができる

走者は一塁、二塁、三塁、本塁の順番で進塁する。ボールインプレイ中に逆走塁するときは、この逆に戻る。

逆走塁ができるのは、打者がフライを打って先の塁を踏んだものの、捕球されたために元の塁へ戻るときなどだ。

また、タッチアップ（↓P108）の離塁が早かったときや、途中の塁を踏まずに先の塁へ進んでしまったときに、塁を踏み直すために逆走塁ができる。しかし、走者がわざと逆に走塁して守備側を混乱させたり、からかったりしたときは、走者アウトでボールデッドとなる。

進塁

進塁は一、二、三、本塁の順で。空過はアピールプレイでアウトになる。ホームランでも正確に踏まなければならない。

逆走塁

ボールインプレイ中に逆走塁するときは、本塁、三塁、二塁、一塁、の順に各塁に触れて戻らなければならない。

塁の占有権

走者は1つの塁を占有することができる

走者や打者走者は、塁に触れるとその塁の占有権を得る

塁に触れていればタッチされてもOK

塁の占有権があるとは、その塁に触れている限り、野手にタッチされてもアウトにならないことだ。

次の塁に触れると、元の塁の占有権はなくなる。またフォースの状態で、次の走者のために塁を空けなければならないときは、その塁の占有権はなくなる。

塁の占有

走者は塁に触れている限りその塁の占有権を得られる。1つの塁は1人の走者しか占有できない。

フォース

フォースの状態とは、後位の打者が打者走者になり、一塁を占有する(もしくは可能性がある)ため、押し出されて自動的に次の塁へ進まなければならないケース。

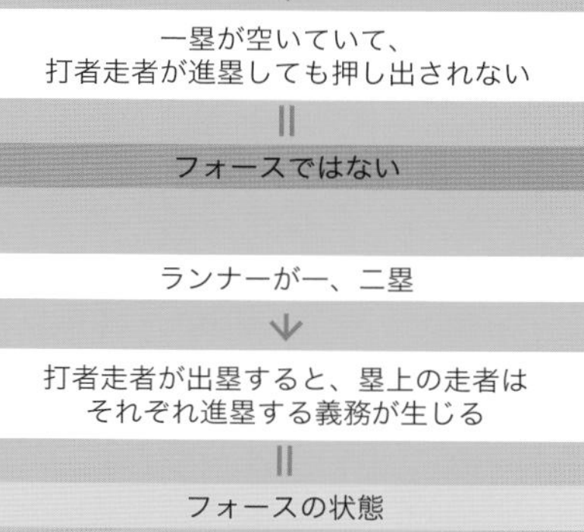

ランナーが二塁のみ
一塁が空いていて、
打者走者が進塁しても押し出されない
フォースではない
ランナーが一、二塁
打者走者が出塁すると、塁上の走者は
それぞれ進塁する義務が生じる
フォースの状態

ランナーの走路

本・一塁間にはスリーフットレーン（幅約91cm）があるが、他の塁間には引かれていない。すべての塁間にこの2倍の幅があると考えればよい。

タッチを避けるために走路から離れるとアウト

走路の幅は約182センチメートル

ランナーが走る場所を走路という。ルール上は各塁を結ぶ直線の左右各約91センチメートルとなっており、幅は約182センチメートルとなる。

走者はタッチを避けようとして、走路から離れるとアウトになる。ただし、捕球しようとしている野手がいるときなどは、走路を避けて走ってもよい。また、速くベースを駆け抜けるためにふくらんで走るときなどは、守備のジャマをしない限りは走路から外れてもかまわない。もし、野手をジャマしたり、ぶつかったりすると守備妨害でアウトになる。

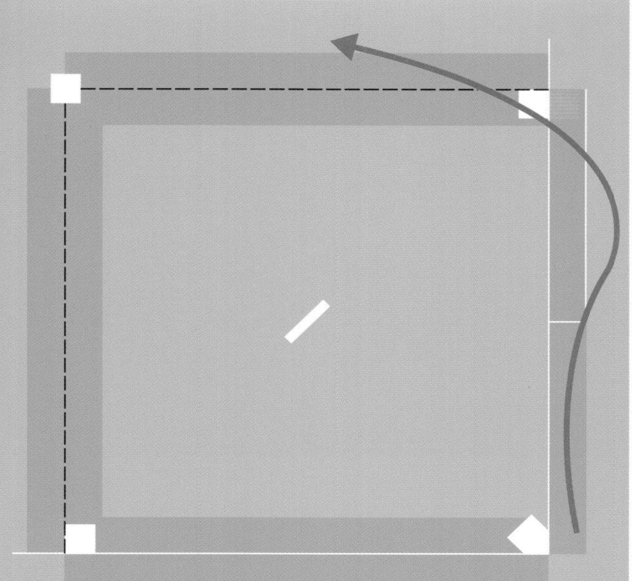

実際のベースランニングでは、守備の妨害をしなければ矢印のようにふくらんで走ってよい

走者がふくらんで走り、進塁・帰塁中に野手の触球を避けるために、その走者の位置と塁とを結ぶ線の両側に91cm以上離れると直ちにアウトになる。

ソフトボールでは野球のようなリードは禁止だ

リード

ソフトボールではリード禁止 投球前の離塁はアウト

投球までは塁に触れておく

ソフトボールでは、野球のようにランナーがリードすることは禁止されている。ピッチャーの手から投球のボールが離れる前に離塁すると、ランナーはアウトになる。

ランナーは投手がボールを持ち、ピッチャーズサークル内に入ったらすぐに進塁か帰塁を決めて、塁間にとどまってはいけない。

野球経験者が、ソフトボールをプレイするとき、最もとまどうルールの一つである。

塁にタッチ

ランナーは、投球が手から離れるまで塁に触れていなければいけない。

打球が当たる

塁から離れているときに、野手を通過していないフェアボールに、フェア地域で触れるとアウトになり、ボールデッドとなる。

外野フライが上がった。塁に戻って野手の捕球を待つ

タッチアップ

フライが上がったら走者は帰塁し野手の捕球後にスタート

塁に戻る途中でタッチされるとアウト

フライが上がったとき、塁上のランナーは、いったん帰塁し、野手が捕球するためボールに触れた瞬間に離塁（進塁）することができる。これをタッチアップという。

もちろん、野手が捕れなければゴロの打球同様、帰塁の必要はない。しかし、野手が捕球してしまうと塁に戻らなければならず、送球がその塁に到達するか塁間でタッチされるかすると、その走者はアウトになる。

また、ボールに触れた後にスタートしているかは守備側が確認し、もし、タッチアップが早い場合は守備側がアピールする（↓P138）。

野手がボールに触れたのを確認して離塁(進塁)する

ランニングスタート

×

塁の後方で待つランニングスタートは禁止されており、走者アウトになる。

安全進塁権
ルールによって決められた塁までアウトになる危険がなく進塁できる権利。四死球などでは一塁への安全進塁が認められる。ただし、走者が決められた塁に到達後、次の塁へ向かおうとした場合はタッチされるとアウトになる。

安全進塁権はランナーがアウトにならずに進塁できる権利

四死球、不正投球などに与えられる

走者がアウトにされることなく、決められた塁へ進塁できる権利を安全進塁権という。

ケースによって進める塁の数は異なり、四死球のときは、一塁までの進塁が認められるので、一塁を含む塁にランナーがいた場合は、押し出される走者も1つずつ進塁できる。また、ホームランの場合は、本塁まで4つの安全進塁権が認められることになる。

野手の走塁妨害があったときは、審判がその妨害がなければ進塁できたと判断する塁までの安全進塁権が与えられる。

走塁妨害による進塁

ボールを持たない野手が進塁を妨害したときは走塁妨害。進めただろうと審判が判断した塁までの安全進塁権が与えられる。

不正投球による進塁

不正投球や打撃妨害のときには、打者走者は一塁へ進塁できる。

フィールドと進塁権

送球がフィールドの外に出ると2つの安全進塁権が与えられる

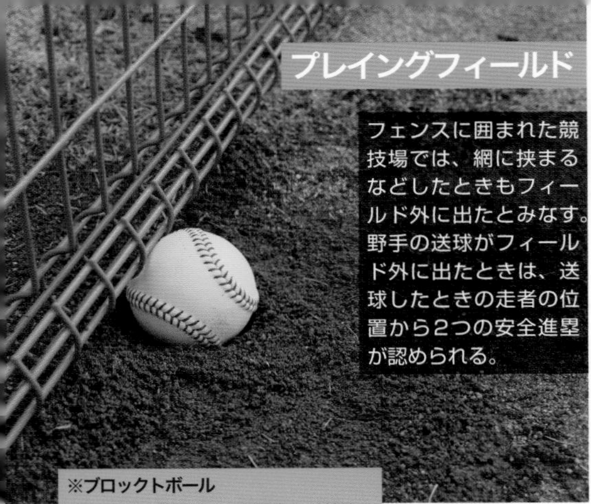

試合場からボールが出た場合

競技場内の試合を行うエリアをプレイングフィールドという。通常はファウルラインのさらに外側に白線で示すが、フェンスに囲まれた球場ならばフェンス内をプレイングフィールドとする場合もある。

バウンドしたフェアボールや、野手の送球が悪送球になってフィールドの外に出たときは、走者に2つの安全進塁権が与えられる。

野手がボールを持って無意識にフィールドの外に出たときは、走者の達していた塁からさらに1つの進塁。故意に持ち出したと審判員が判断したときは2つの進塁となる。

プレイングフィールド

フェンスに囲まれた競技場では、網に挟まるなどしたときもフィールド外に出たとみなす。野手の送球がフィールド外に出たときは、送球したときの走者の位置から2つの安全進塁が認められる。

※ブロックトボール
インプレイ中のボールを観客など競技と関係ない人が捕球したり、競技と関係ない物に当たったりすること。

ボールを持って外に出る

野手がファウルフライの捕球後、フィールド外に倒れ込んでしまった場合は、ボールを持って無意識に外に出たことになる。打者アウトでボールデッドになり、各走者には野手がフィールド外に出たときに達していた塁からさらに1つの安全進塁権が与えられる。

フィールド内で捕球したが外に倒れ込んでしまう

フィールドの外でボールを捕っても捕球と認められず、単なるファウル扱いになる

ノーバウンドで外野フェンスを越えたらホームラン

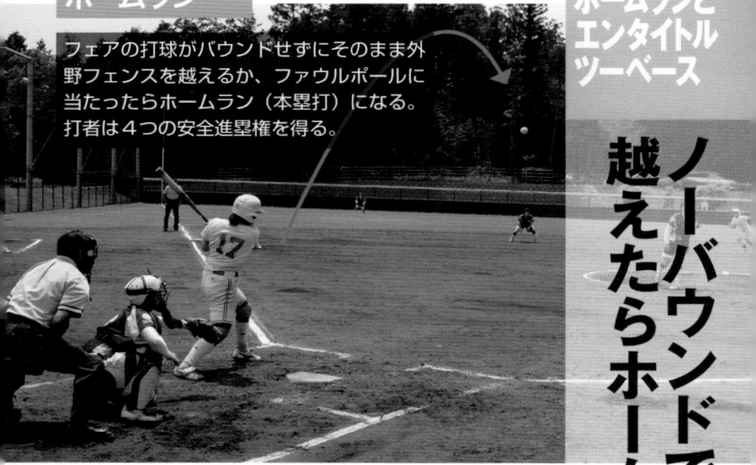

ホームラン

フェアの打球がバウンドせずにそのまま外野フェンスを越えるか、ファウルポールに当たったらホームラン（本塁打）になる。打者は４つの安全進塁権を得る。

フェンス越えの打球で得る安全進塁権

フェアの打球が1度もバウンドしないでフェンスを越えるかファウルポールに当たるとホームランだ。ホームランを打った打者と塁上にいた走者は本塁までの安全進塁権を得るので、出ていたランナーの数に打者を加えた数が得点になる。ランナー満塁の場面でホームランが出れば、ランナーの数に打者を加えた４点が入ることになる。

また、1度以上バウンドしてフェンスを越えることをエンタイトルツーベースという。打者は二塁まで、走者には投球時の塁から2つの安全進塁権が与えられる。

野手はフェンスに上って捕球してもいい

エンタイトルツーベース

フェアの打球がグラウンドにバウンドした後、フェンスを越えるとエンタイトルツーベースになる。打者と走者は２つの安全進塁権を得る。

走者が帰塁するとき1

プレイ中の進塁が無効になり元の塁に戻る

元の塁に戻るときは得点も無効になる

投球時の塁に戻るケース

※プレイは一度止まってボールデッドになる

1 ファウルボールのとき
2 不正打球のとき
3 打者に投球が触れたとき
4 打者に空振りした球が触れたとき
5 次打者が飛球に対する守備を妨害したとき

6 打者走者がスリーフットレーン外を走って守備を妨害したとき

7 打者走者が捕手のプレイを妨害したとき

8 打者走者が野手の打球処理や送球を妨害したとき

9 打者走者が故意落球でアウトを宣告されたとき

10 打者走者が後ずさりしてアウトを宣告されたとき

11 打者走者の身体や持っているバットにフェア地域で打球が触れたとき

12 走者が離塁違反でアウトを宣告されたとき

13 走者が打球に触れて守備を妨害したとき

14 攻撃側のメンバーが野手のファウル飛球の捕球を妨害したとき

15 他のプレイをしていない攻撃側のメンバーが妨害したとき

16 打者走者が一塁に達する前に打者席外でフェアの打球を妨害したとき

17 一塁で通常のプレイが行われているとき、打者走者がダブルベースの白色ベースで守備者と接触したとき

送球妨害など

妨害があったときはすべての走者の進塁が無効になる

走者が帰塁するとき2

妨害行為があったためその発生時の塁に帰塁する

妨害発生時の塁に戻るケース

※プレイは一度止まってボールデッドになる

1 球審が捕手の盗塁を阻止するための送球やピックオフプレイを妨害したとき

2 打者が捕手の送球を故意に妨害したとき

3 打者が走者の得点しようとしているとき、本塁におけるプレイを妨害したとき

4 打者または走者が故意に送球を妨害したとき

5 走者が打球を処理しようとしている野手の守備を妨害したとき

6 走者が野手の処理し損なった打球を、故意に蹴ったとき

7 走者が故意に逆走塁をして守備側を混乱させたり、からかったりしたとき

8 アウトを宣告された打者・打者走者・走者または得点した直後の走者が野手のプレイを妨害したとき

9 次打者またはベースコーチが自己の占めている場所を譲らず、野手の送球処理を妨害したとき

10 ベースコーチがコーチズボックスを離れて、守備を妨害したとき

11 攻撃側のプレイヤーが塁に接近して立ったり、塁の付近に集合したりして、守備を妨害したとき

12 攻撃側の放置した用具に送球が触れたとき

13 打者走者が一塁に到達しないうちに介在プレイがあり、打者走者が一塁への送球を処理しようとする野手の守備を妨害したとき

14 野手が球を持って走者をアウトにするために待ち受けているとき、走者が落球を狙って故意に衝突したとき

15 打者・打者走者・走者の頭から離れたヘルメットに打球や送球が当たったり、守備者に触れたりして、守備の妨害となったとき

ランナーの追い越し
前のランナーを後ろのランナーが追い越してしまったときは、追い越したランナーがアウトになる。

前の走者を追い越すとそのランナーはアウトになる

追い越しアウトは安全進塁権を得た走塁中も適用される

前を走るランナーを追い越してしまうと、追い越したランナーはアウトになる。

例えば、外野に飛球が上がったときなどに、前を走る打者が打球の行方を気にしてスピードを緩めているのに、後続のランナーが全力で走っているときに起こりやすい。これはホームランなど安全進塁権を得て走塁しているときも適用される。

また、ランダウンプレイ（塁間に走者が挟まれるプレイ）などで、塁上に走者が2人になった場合は、前の走者に占有権があるので、後ろの走者はタッチされるとアウトになる。

塁上に2人以上のランナー

塁の占有権は前のランナーにある。2人のランナーが塁上にいるときは、後ろのランナーはタッチされるとアウトになるので、手前の塁に戻らなければならない。

三本間でランナーが挟まれたが後ろのランナーは既に三塁に到達

三塁に2人のランナーがいることに。後ろのランナーはタッチされるとアウトだ

走路上でも、ボールを処理しようとしているときは守備が優先だ

守備妨害1

ボールに対しては走者よりも守備が優先される

たとえ走路上でも守備のジャマはできない

守備や送球を妨害することを守備妨害という。

ソフトボールのルールでは、ボールに対しては基本的に野手の守備が優先されている。このため、ボールを捕球したり、送球したりしようとしている野手がいるときは、たとえ走者の走路上（↓P104）であっても守備のジャマをしてはならない。

妨害が起こった場合、その走者はアウトになる。また、打者は一塁へ進塁できるが、その他の走者は妨害が起きたときの塁へ戻される。

送球を妨害

ダブルプレイのときなどに送球を妨害するのも守備妨害になる

守備妨害にならない

野手を通過したボールは、既に野手に守備機会があったとみなされ、走者が打球に当たっても守備妨害にはならない。

走者が野手の弾いたボールに当たった

守備妨害2

直接の妨害ではなくても守備妨害になる

コーチや次打者も守備者には場所を譲ること

野手や打球にぶつかるような直接の妨害だけでなく、守備を混乱させるような発言や行為も守備妨害になる。

例えば、走者が守備者をからかったり、故意に逆走して混乱させたりすることがこれにあたる。ほかに、タッチをしようとする野手が落球することを狙って故意にぶつかるなどすると、その走者はアウトになる。

また、ベースコーチやプレイ中でないチームのメンバーが守備を妨害した場合も、ペナルティとして本塁に最も近い走者がアウトになる。

次打者が妨害

次打者が守備を妨害したときに走者がいた場合は、本塁に最も近い走者がアウトになる。

ベースコーチが妨害

コーチも打者や走者と同じように、守備者がボールを捕球するのを妨害してはいけない。このケースで走者がいた場合は、本塁に最も近い走者がアウトになる。

Column

ルールの周辺(4)

用具の手入れ

スポーツ界で一流選手が用具を大切にすることは、よく知られています。試合終了後、グラブ・スパイクなどの用具の手入れに長時間をかけるイチロー選手の話も有名です。

けれども、体育授業の「ソフトボール」では、先生が生徒や学生たちに用具の後片付けの指導ができていないことがよくあります。

用具カゴの中に汚れたままのグラブが無造作に投げ込まれていたり、雨あがりのグラウンドで使用したバットやボールが泥だらけのままになっていたりすることがあります。

みんなで使うグラブは、左右別にして重ね合わせておくと、狭いスペースで整理でき、また、形がくずれないため、次に使う人たちが使いやすくなります。バット・ボールは、タワシや布を用意しておけば容易にきれいにできます。

試合中の用具の扱い方も大切ですが、用具の手入れ、後片付けにも、絶えず気配りしたいものです。

丸山克俊

PART6
守備のルール

投球時、捕手以外はフェア地域を守る

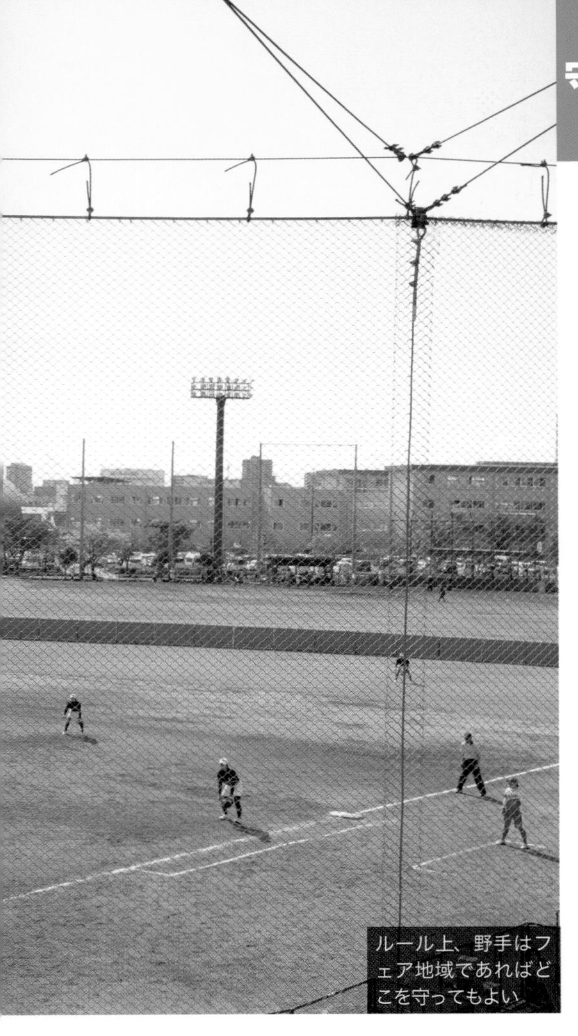

ルール上、野手はフェア地域であればどこを守ってもよい

野手はどこでも守れる

内外野手はそれぞれのポジション名でラインアップされるが、実はフェア地域のどこで守備をしてもよい。ルール上は一塁手が三塁ベースにつくことも可能なのだ。しかし、ファウル地域で守ることは禁止されており、野手がここにいるときに投球を行うと不正投球になる。

これに対し、投手と捕手は位置が決められており、投球時は投手がサークル内、捕手が捕手席にいなければならない。

また打撃のジャマをするために、野手が打者の視界内に位置したり、守備位置も変えたりして、打者を故意に惑わす行為をしたときは、退場になる。

グラブを投げつける

グラブなどの用具を打球に投げつけてはいけない

グラブを投げる

グラブなど身につけているものをボールにぶつけてはいけない。もし、投げた用具がボールにあたったら、ケースに応じて走者(打者走者)に安全進塁権が与えられる。

えられる場合

投球に対して
ぶつけた(捕った)

↓

1つの安全進塁権

送球に対して
ぶつけた(捕った)

送球時にいた塁から
2つの安全進塁権

帽子などで捕る

帽子やユニフォームなどを本来着ける場所から外して捕球することは禁止されている。これも同様にケースに応じて走者の安全進塁権が与えられる。

走者に安全進塁権が与

フェア打球に対して
ぶつけた（捕った）

投球時にいた塁から
３つの安全進塁権

※この場合の走者には
打者走者も含まれる

タッチアウト

塁を占有していない走者に対し、ボールを持った手かグラブで触れてアウトにするプレイ。

フォースアウトとタッチアウト

タッチアウトは走者にタッチしフォースアウトはベースタッチ

タッチをする対象は状況によって変わる

野手がボールをグラブや手に持って、走者に触れてアウトにすることをタッチアウトという。ただし、手でボールを持ち、ボールを持たないグラブでタッチしてもタッチアウトにはならないので注意しよう。

これに対し、打者走者の進塁によって走者が占有するべき塁にそれより早くボールを送球してアウトにすることをフォースアウトという。

この場合、野手はボールを持ってベースにカラダの一部を触れればいいので、足でベースを踏むかグラブでタッチするのが一般的で、これをベースタッチという。

フォースアウト

打者走者やそれに押し出された走者が、進まなければならない塁に対し早くボールを到達させることでアウトにする方法。

ベースタッチ

ライナー飛球をキャッチして飛び出したランナーをアウトにするときなどは、ベースタッチでアウトが成立する

フィルダースチョイス

間に合わない塁に送球してしまう野手の判断ミス

フィルダースチョイス

野手の判断ミスによる打者の出塁をいう。記号はエラーの「E」に対し、「FC」(Fielder's Choiceの頭文字)が使われる。

ムリにランナーを刺そうとしたが、ランナーも打者走者もセーフになった

ヒットやエラーとは異なる記録

一塁に送球していれば打者走者をアウトにできる打球を、他のランナーを刺そうとして間に合わない塁へ送球してしまい、打者走者も出塁させてしまうことをフィルダースチョイスという。

エラーは捕球や送球のミスだが、フィルダースチョイスは判断上のミスでの出塁だ。そのためにヒットやエラーと分けて記録する。

フィルダー（野手）が間違ったチョイス（選択）をするという意味で、日本語では野手選択（野選）とも表記する。

ボールを持たずに走者と接触

外野からの返球を待つときなどボールを持たずにランナーと接触すると走塁妨害になる。

ボールを持たない野手が走塁を阻むのが走塁妨害

走塁妨害があるとディレードデッドボール

ボールを持たない野手が走者にぶつかったり、行く手を阻んだりすることを走塁妨害という。

このルールは、故意にランナーの走塁を妨害した場合だけでなく、プレイに夢中でランナーの走路に入ってしまったときなどにも適用されるので注意しよう。

走塁妨害が起こるとディレードデッドボールというルールになり、当該プレイが終わった後に妨害がなければ進めていたと審判が判断する塁まで安全進塁権が与えられる。直接妨害されなかった走者も同じく適切な塁まで進塁できる。

ボールを持って走者と接触

守備妨害

打球や送球の処理中にランナーと接触したときは走塁妨害にならず、逆にランナーによる守備妨害となる。

キャッチャーによる妨害

走塁妨害

送球を待っているキャッチャーが本塁を完全にブロックすると走塁妨害となる。ベースの一角を空けておかなければならない。

アピールプレイ1

タッチアップの離塁が早いときや塁の空過はアピールプレイ

塁の空過

走者がベースを踏まずに進塁したときは、審判にアピールできる。ボールインプレイ中ならば、その塁にタッチするか、ランナーにタッチしてアピールする。

アピールしなければ
審判は判定しない

アウトの中には、守備側が審判にアピールして初めて裁定されるものがある。これをアピールプレイという。例えば、走者がベースを踏まずに進塁していたのを審判が確認していても、守備側の監督や選手からのアピールがなければ、そのまま試合は続行される。

審判へのアピールはボールインプレイ中、ボールデッド中にかかわらずできる。

しかし、次の投球動作に入ったり、イニングが終了し守備側が全員フェア地域を離れたり、審判が試合終了を宣告するなどの場合、アピールの権利はなくなる。

タッチアップが早い

野手の捕球（ボールに触れる）前にランナーがスタートしたときもアピールできる。ベースかランナーにタッチしてアピールし、認められれば走者をアウトにできる。

捕球前にランナーがスタートしていた

オーバーランした走者の進塁

一塁のオーバーランは二塁へ進まないことを前提に認められている。もし、走者が進塁の意思を見せれば、これにタッチして審判にアピールすることができる。

オーバーランした打者走者が二塁へ進もうとした

アピールプレイ2

アピールプレイができる場面とその手順

アピールにかかわる部分はプレイに直接関係ない野手もよく見ているとよい

アピールの方法

アピールプレイはケースに応じて正しく行う必要がある。ここではアピールの対象になるケースとアピールの仕方を列挙する。

塁を空過したとき

進塁、帰塁どちらもアピールの対象。該当する塁上でボールを持つか、その塁にタッチするか、走者にタッチする。

タッチアップが早いとき

飛球が野手に触れる前にタッチアップを開始したとき。空過と同じ方法でアピールする。

アピールできる権利を失うとき

1 投手が次の投球動作に入ったとき

2 チェンジになり守備者が全員フェア地域を離れたとき

3 試合終了が宣告されたとき

4 投手がアピールしようとして投手板に足を触れたまま塁に送球したとき

ボールデッド中のアピール

ボールデッドになり球が野手に戻ったときに、言葉だけで審判にアピールできる。アピールする選手が直接ボールを持っていなくてもよい。

※ボールデッドなので走者はこの間離塁することはできない。

一塁を駆け抜けたあと、続いて二塁に進塁しようとしたとき

ボールを持って離塁中の走者にタッチする。

本塁を走り抜けたり滑り込んだりしたが本塁に触れずに、触れ直そうともしないとき

触れ直す意思がなく、ベンチに向かったときのみ適用。ボールを持って本塁に触れる。

その他のアピールプレイ（口頭でアピールする）

①打順誤りがあったとき
②無通告交代したとき
③代替プレイヤー違反があったとき
④再出場違反したとき
⑤DP違反があったとき
⑥タイブレークの走者にルール違反があったとき

※②～⑤についてのアピール権は、当該プレイヤーが交代するまで継続され、消滅することはない。

Column

ルールの周辺(5)

審判員の迫力

ソフトボールの競技レベルは、この10数年間に非常に向上しています。時速100キロを超えるボールを投げる投手や、キレのいいライズボール(ソフトボール独特の浮き上がる変化球)やドロップなどを投げる投手もいます。

当然のことですが、自チームの勝利のために、そのボールを捕らなければならない捕手は大変です。しかし、もっと大変なのはその捕手の後ろにいる球審です。捕手の受け損なったボールによって、指の骨が曲がるなどのケガをした審判員を私自身、数名知っています。

しかし、それらの審判員の方々からグチを聞いたことは一度もありません。それよりも自分の審判技術が未熟と反省し負傷に耐えるその姿に、私は「審判員の迫力」を感じます。

私自身、チーム内の紅白試合で球審を務めることがよくあります。ボールが当たっても、いつもグッとこらえるようにしていますが、やはり、選手の態度によっては、つらくなることもよくあります。

丸山克俊

PART7
試合のルール

必要な人数

試合に出場するのは最低9人 DPを使うときは10人

9人以上

ポジションは9個あるので、最低9人いれば試合はできるが、通常はDPや控え選手を含めるとそれ以上の人数になる。

スターティングプレイヤーの9人（DPがいるときは10人）と控えの選手

控え選手は交代要員としてベンチに入る

ソフトボールには9つの守備位置がある。このため試合をするのに最低限必要な人数は9人だ。これに加え打撃専門のDP（指名選手）を使うときは10人になる。

試合前に、チーム名、守備位置、氏名、ユニフォームナンバーを記入した打順表（ラインアップカード）を審判に提出する。控え選手も控え選手欄に記入し、試合中に交代して出場できる。

試合中、ケガなどで選手が足りなくなると没収試合になり、そのチームは負けの扱いになる。

指名選手

ソフトボール特有のDP・FP・OPO

DP（指名選手・DESIGNATED PLAYER）

DPは打撃専門のプレイヤー。野球のDHは投手の代わりに打つが、ソフトボールではどの守備者につけてもかまわない。またDPはあらゆる守備を兼ねることができる。その場合、DPの代わりに守備を退いた選手は打撃のみを継続する。この選手をOPOと呼ぶ（試合を退いたわけではない）。なお、DPを使うときは必ずFPを打順表に入れなければならない。

打撃力に優れた選手をDPで起用する

FP（DPの守備者・FREX PLAYER）

FPはDPの守備者のこと。名前の由来である「FREX＝融通が効く」にあるように、DPの代打や代走を兼ねることができ、またその兼務や解除はいつでも何度でも、球審に申告することで認められる。なお、FPは打順表の10番目に記入する。

DPの代わりに守備をするのがFP

DP・FP・OPOについて

DP・FP・OPOのルールは、やや複雑ではあるが、しっかり理解することで打順を何通りも組み替えることができる。

DPは打撃専門の指名選手だが、同時にあらゆる守備を兼ねることもできる。FPはDPの守備者だが、DPの代打や代走も兼務できる。またその兼務や解除はいつでも何度でもおこなえる。例えば打撃好調のFPがいたら、守備をするだけではなくDPの打順の度に代打出場できる（FPの兼務・解除は試合から退くことにはならないが、DPは試合から退くことになるので再出場は1度だけ）。OPOは、DPが守備を兼ねたことで、守備から退き打撃だけをおこなう選手を指す。試合を退いたわけではないので、DPが守備の兼務を解除すれば再び守備にもつける。

ベンチ入りメンバー

ベンチ入りメンバーの人数は大会によって異なる

大会規定に合わせて選手登録をおこなう

試合に出場する資格を持つ選手を、ベンチ入りメンバーという。

ベンチ入りができる人数は大会によって異なる。大会要項に記載されているので、それに沿って選手登録をおこなうことになる。

選手のほかには、監督、コーチ、スコアラー、トレーナーなどがベンチに入ることができる。

監督、コーチは選手と同色、同意匠のユニフォームを着用しなければならない。ショートパンツを着用する女子チームの監督、コーチは、上衣は同色・同意匠、ズボンは同色であればよい。

ベンチ

大会の規定に合わせた人数の選手と監督、コーチ、スコアラー、トレーナーなどがベンチに入れる。また、ベンチへのテレビ、電話などの通信機器の持ち込みは禁止されている。

スコアラー

スコアラーやトレーナーも
ベンチに入れる

監督・コーチ

監督とコーチのユニフォームは選手と同色、同意匠のもの。帽子はチームと同じものと決まっている。なお、女子はサンバイザー混用、または無帽でもよい

1度交代した選手が再び出場できるのがリエントリー

交代の通告

選手の交代は監督が球審に申し出ておこなう。通告なしに交代し、次の投球動作に入ってしまうと無通告交代になる。相手チームからアピールがあると、違反した選手は試合から除かれ失格選手になる。

監督が球審に選手の交代を告げる

リエントリーできるのはスターティングメンバーだけ

監督は出場している選手と控えの選手をいつでも交代できる。そして、選手を交代するときは監督が球審に対して通告する。通告なしに交代した場合は無通告交代になるが、相手チームがアピールする前に通告すれば、正しい交代とされる。

また、スターティングメンバーだけは交代して退いても、1度だけリエントリー（再出場）ができる。このとき、元の自分の打順の選手と交代しなければならない。スターティングプレイヤー以外の選手のリエントリーや、2度以上のリエントリーはできない。

リエントリー

スターティングプレイヤーが交代により退いた後、１度だけ元の打順で再出場できるルール。

テンポラリーランナー

捕手や投手が塁上の走者となっていて二死になったとき、あるいは二死後、捕手や投手が出塁して走者になったときは臨時走者を使用できる。

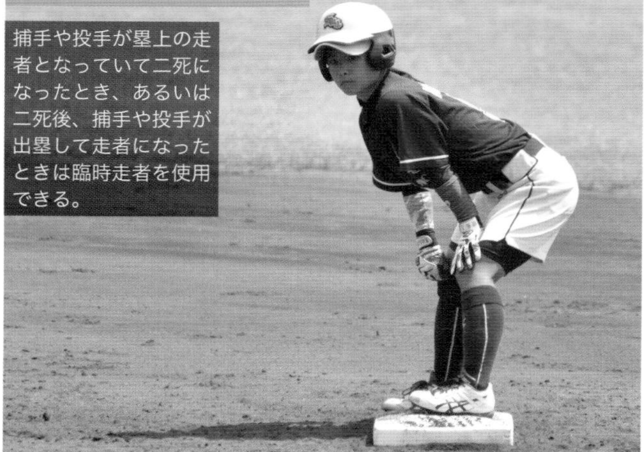

ルールに従って気持ちよくプレイしよう

プレイヤーのマナー

審判員の判定に従うのがスポーツマンのマナー

最初はチームに警告繰り返したら退場

ソフトボールでは審判員の判定は絶対的なもの。審判員の判定に対して、文句をいったり、不満を態度に出したりしてはいけない。

ストライクとボールやアウトとセーフの判定に関する抗議（プロテスト）はできないし、審判員はこれに対する説明の義務もない。もし、これに違反すると、まずはチームに対して警告が出される。さらに繰り返すと違反者は退場になる。きわどいプレイになればなるほど、どちらかのチームに納得のいかないものになるのは当然のこと。それを受け入れてスポーツマンらしくプレイしよう。

故意にラインを消す

攻撃側チームのメンバーは、試合中いかなるときも、故意に打者席のラインを消してはならない。

警告と退場

抗議（プロテスト）できるのは監督だけ。選手は抗議できない。続けると退場になる。

正式試合
練習試合などと異なり、公式戦などの正式試合は7回までおこなうのが基本。

7回終了時に得点差があれば試合が終了し、勝敗が決まる

試合の成立

正式の試合は7回でおこなう同点なら8回からタイブレーク

コールドゲームのときには無効試合となることもある

ソフトボールは7回の攻撃と守備で得点を競い合うもの。だから正式の試合は7回で、7回を終了して同点のときは、8回からタイブレーク（↓P158）で勝敗を決める。

ただし、5回を終了していれば、正式試合となることもある。降雨などで5回を終了する前にコールドゲーム（↓P156）となったときは、基本的に無効試合になる。

引き分け試合や無効試合の場合に、大会要項によって再試合や一時停止試合（サスペンデッドゲーム）を採用することもある。

勝敗の成立

① 7回終了時に得点差があった

② 8回以降のタイブレークで決着

③ 3回以降15点、4回以降10点、5回以降の回に
7点差以上がついた→**得点差コールドゲーム**

④ 5回成立後に降雨や日没の理由で試合を打ち切った
→**コールドゲーム(打ち切り試合)**

⑤ 没収試合(→P156)の成立

引き分け試合(タイゲーム)の成立

5回以上の均等回を終了したチームが
同点のときにコールドゲームが宣告されたとき

※5回終了時同点で、6回裏が終わっていなければ
表に得点があっても無効になる。

無効試合(ノーゲーム)

5回が完全に終了していないときは無効試合となる

※ただし、次の場合は正式試合となる。
1.後攻チームが5回裏の攻撃をしなくても先攻チームより得点が多いとき。
2.後攻チームが5回裏の攻撃中に、先攻チームより得点が多くなったとき。

大会の規定により
① **再試合**
別の日などにもう一度試合をやり直す。

② **一時停止試合(サスペンデッドゲーム)**
中断されたところから試合を再開する。

試合が続けられないときはコールドゲームになる

コールドゲーム

降雨、日没、事故や機材の故障など試合が続けられなくなったことで試合を打ち切ることをコールドゲームという。試合の打ち切りは球審・大会競技委員長・審判長の協議で決められる。この場合、5回以上の回が成立していれば正式試合となる。それに満たないときは無効試合となる。

Aの勝ち

	1	2	3	4	5	6	7	R
A	0	0	0	0	1	0		1
B	0	0	0	0	0	×		0

6回の表が終わったところで雨天により打ち切り。この場合、5回以上の回が成立しているので「1対0でAの勝ち」となる

Bの勝ち

	1	2	3	4	5	6	7	R
A	0	0	0	0	1			1
B	0	0	0	0	2×			2

5回裏の攻撃中に雨天により打ち切り。5回終了していなくてもBが勝ち越した後なので「1対2でBの勝ち」

無効試合

	1	2	3	4	5	6	7	R
A	0	0	5	0	2			
B	0	0	0	0	×			

5回裏の攻撃中に雨天により打ち切り。負けているBの攻撃が5回終了していないので、「雨天コールドによる無効試合」となる

得点差コールドゲーム

チーム名	一	二	三	四	五	六	七	八	九	計
紅軍	3	0	1	4	2					10
白軍	2	0	0	1	0					3

3回15点、4回10点、5回以降7点以上の得点差があった場合はコールドゲームとなる。

没収試合

次のようなとき大会競技委員長・審判長・担当審判員が協議して没収試合を決定する。当該チームの負けになり得点は0対7になる。

1 試合の指定時刻までにチームがベンチに入らないか、試合開始を拒否したとき。

2 試合がはじまったのち、球審により試合の中断、あるいは終了が宣告されていないのに、プレイの継続を拒否したとき。

3 プレイ宣告の後、2分以内にプレイをはじめなかった。

4 チームのメンバーが、明らかに試合の引き延ばしとみられる行為をしたとき。

5 プレイヤーが、試合から除外されるか、または退場させられたのち、1分以内にこれに従わなかったとき。

6 退場やケガなどの理由により試合を継続するのに必要な人員を欠いたとき。

7 失格選手が試合に出場し、ピッチャーが次の投球動作に入ったとき。

8 退場になった監督・コーチ・選手が再び試合に出場したとき。

9 プレイヤー・関係者から、審判員が暴言や暴行を受けたとき。

10 チームのメンバーが審判員に注意されたにもかかわらず、故意にルール違反をしたとき。

タイ
ブレーク

延長戦で点を入りやすくするタイブレーク

8回表からは走者二塁ではじめる

7回を終了して同点のときに、8回表からタイブレークという特別ルールで試合を続行する。

これは、無死走者二塁の場面から攻撃をおこなうもの。野球と違ってソフトボールは投高打低（投手有利、打者不利）といわれる。そのため、点を入りやすくし決着をつけるためのルールだ。

このときの二塁走者は前の回の最後に打撃を完了した選手が入り、打席には打順通りの打者が立つ。得点に結びつけるために代走を送ることも可能だ。

ノーアウトランナー二塁

投手力が高い場合には得点が入りにくいソフトボールで決着をつけるために導入されたルール。回のはじめから無死走者二塁とするので点が入りやすい。タイブレークの二塁走者が本塁に生還しても、投手の自責点にはならない。

二塁走者をバントなどで三塁へ送るのが一般的なセオリーだ

打ち合わせ

攻撃側は1イニングで1度だけ守備側は7回までに3度以内

打ち合わせの回数

攻撃側は1イニング1回。守備側は7イニング中に3度まで。守備側が打ち合わせを規定回数以上おこなったときは、投手を交代しなければならず、この投手は再び投手にはなれない。

監督を含めた守備側の打ち合わせ

監督またはコーチがタイムを要求しておこなう

打ち合わせ(チャージドカンファレンス)とは、監督やコーチがタイムを要求して、選手と直接作戦等を確認し合うことである。

タイムを要求しないで打ち合わせをしても、審判員の判断で打ち合わせとみなされることがある。

攻撃側の打ち合わせは1イニングにつき1度、守備側は7イニングまでに3度以内。8回以降の延長戦では守備側も1イニングにつき1度おこなえる。

選手同士の作戦確認

選手同士が集まって作戦を確認した場合でも、審判員の判断により「打ち合わせ」とみなされることがある。

一般的に、これだけ選手が集まると打ち合わせとみなされる

打ち合わせの例外

先にタイムを要求したチームの打ち合わせ中に、もう一方のチームが便乗して打ち合わせをしても、それは1度とカウントされない。また選手交代のためにタイムがかかっている中での打ち合わせは、打ち合わせとみなされない。

投手交代時は打ち合わせとみなされない

Column

ルールの周辺(6)

寛容の精神

審判員は、その試合を裁定する権限が与えられた最高責任者です。

けれども、審判員のみなさんがどれほどオフィシャルルールに熟知し、日頃から自己研鑽を積んでいても、1球の「ストライク」「ボール」について、また、1つのプレイにおける「アウト」「セーフ」について、いつもパーフェクトに裁定できるわけではありません。

例えば、10人の審判員がいるとして、その1球を7人が「ストライク」とコールするボールがあれば、3人しかコールしないボールもあります。また、間一髪の「アウト」「セーフ」についても同様です。このような視点は、もし、球審(審判員)が他の人物であったら勝敗は逆になっていたかもしれないということを意味しています。

人間の目によって裁定されるスポーツ(ソフトボールももちろんそうです)においては、公認資格を有する審判員を信頼し、かつ、常に寛容の精神をもってその裁定に素直に従うことが大切です。

丸山克俊

PART8
グラウンドと用具のルール

フェア地域、ファウル地域などを総称して競技場という

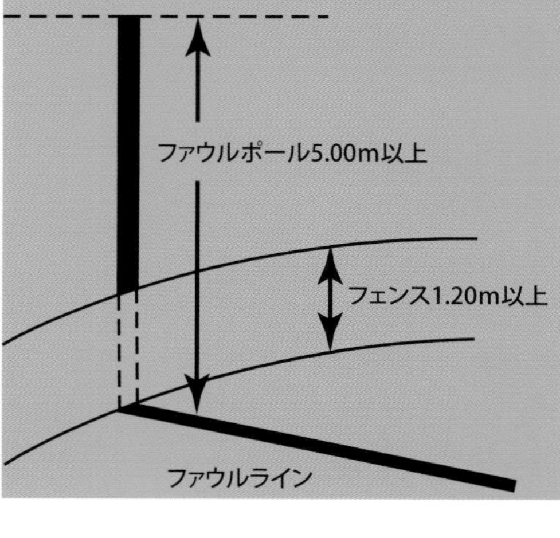

グラウンドによっては特別ルールも決める

フェア地域、ファウル地域、ベンチなどを合わせて競技場と呼ぶ。

競技場の条件は、平坦であることと障害物があってはいけないこと。ドーム球場などの室内グラウンドならば、天井にも十分な高さが必要だ。

グラウンドの状況によっては、特別ルールを決めてもよい。例えば外野のフェンスを設置しない場合には、ホームランラインを引き、それを抜けた打球を認定のツーベースヒットにするなどがある。

競技場

下は公式ルールでの競技場の規定。ただし、実際にはこれ以外の条件（野球場など）でも特別ルールを設けて試合をおこなっている。

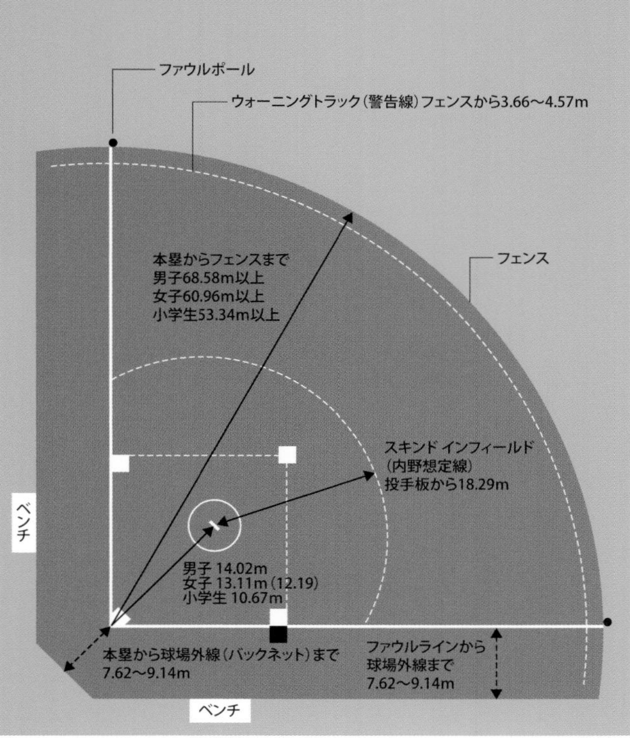

国際ルールでは、本塁から外野フェンスまでが男子76.20m、女子67.06mとフェア地域が広くなっている

ダイヤモンド

ダイヤモンドの大きさは男女で違いがないが、投球距離は、男女やカテゴリーによってさまざまに決められている

4つの塁で囲まれた地域をダイヤモンドと呼ぶ

主に内野手がプレイしランナーが走る場所

本塁と3つの塁に囲まれた正方形の地域を、その形からダイヤモンドと呼ぶことがある。投球、打撃、走塁など多くのプレイがこの中でおこなわれる。

小学生を除いて、塁間距離は男女とも18・29メートルと同じ。球場による制約からフェンスまでの距離などに違いがあっても、ダイヤモンドの大きさは基本的にどの競技場でも同じにする。

また、投球距離（投手板から本塁まで）については男女や中学・高校女子などカテゴリーによってさまざまに決められている。

ダイヤモンド

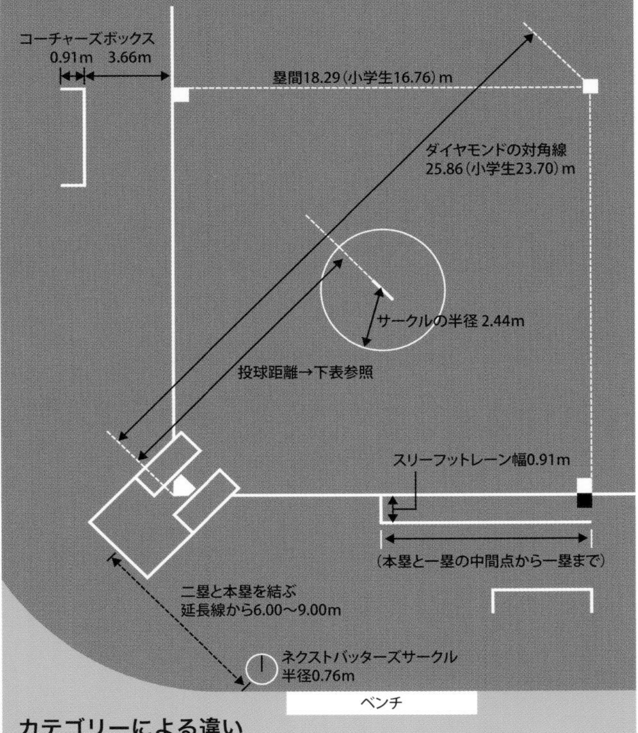

カテゴリーによる違い

塁間距離	
男子	18.29m
女子	18.29m
小学生	16.76m

投球距離	
男子	14.02m
女子、シニア	13.11m
中学女子、レディース、エルダー、エルデスト、ハイシニア	12.19m
小学生	10.67m

ホームプレートの幅は43.18センチメートル

写真の左側で打つのが右打者、右側で打つのが左打者

本塁と打者席の間には15センチのすき間がある

投手、捕手、打者は、他の野手と違ってプレイをはじめる場所が決まっている。

投手がピッチングのときに踏むのがプレートで、これに軸足を触れながら投球する。目標となる本塁幅は約43センチメートルで、この後方にある捕手席で捕手は投球を待ち構えなければならない。

また、打者はボールを打者席内で打つ。本塁と打者席の間の距離は15センチメートルである。

本塁付近

打者席、捕手席のライン上はすべて内側とみなす。このためラインを踏んでも外に出たことにはならない。

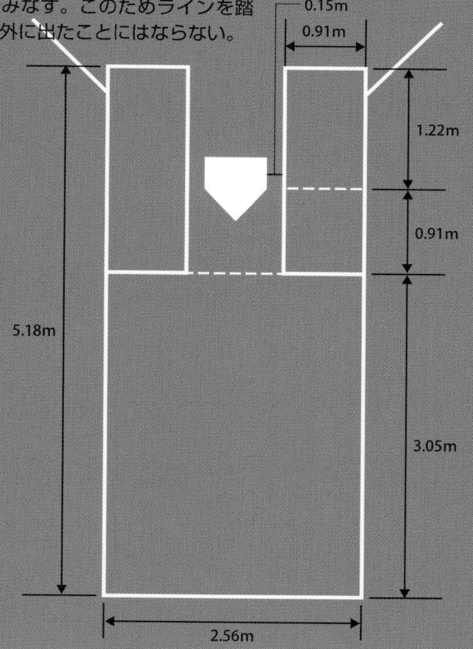

0.15m
0.91m
1.22m
0.91m
5.18m
3.05m
2.56m

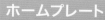

ホームプレート

ホームプレートは他の塁と違い3つの角が90度の五角形。ファウルラインが交差する地点に中央の角を置くようにする。

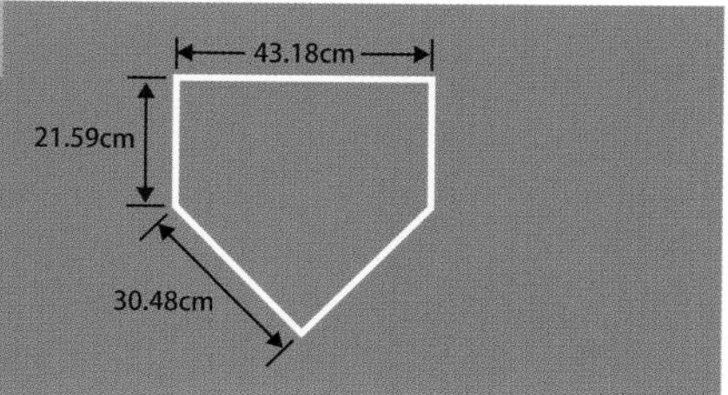

接触防止のために一塁に必ずダブルベースを使う

基本的に白色が野手用オレンジが打者走者用

ソフトボールにはダブルベースという独自のルールがある。野球よりも塁間が短いので、一塁上でのクロスプレイが増えるために危険防止を目的にできたものだ。

基本的に白色が野手用、オレンジが打者走者用、走者になったら白色を野手と共用する（→P88）。大きさは白、オレンジともに二塁、三塁のベースと同じ大きさで一辺が38・1センチメートルの正方形だ。

ダブルベースはファウルライン上に白色部分が重なるように設置する。打球が白色部分に当たったときはフェアである。

打者走者はスリーフットレーンを走り、オレンジベースを踏む

一塁ベース

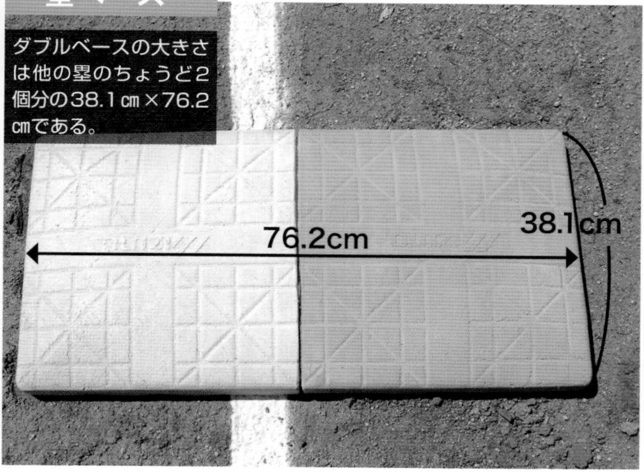

ダブルベースの大きさは他の塁のちょうど2個分の38.1㎝×76.2㎝である。

76.2cm

38.1cm

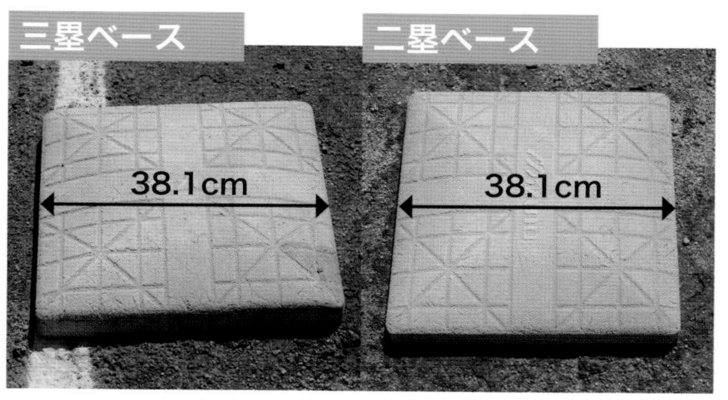

三塁もファウルラインに重なるように置き、ベースに当たったらフェアだ。

二塁ベースは一・三塁からの交点がベースの中心になるように置く。

投手が投球をおこなう場所をピッチャーズサークルという

プレートを中心にした半径2・44メートルの円の内側

投手がピッチングをおこなう円形の内側をピッチャーズサークルという。野球では山のように盛り上がっているのでマウンドと呼ぶが、ソフトボールのサークルは平坦だ。

サークルの半径は2・44メートルでプレート（投手板）の打者側の辺の中間点がその中心となる。プレートを置く位置は、カテゴリーによって違うのでサークルの位置も同時に変化する（↓P167）。

試合では投手がボールを持ってこの中に入ったら、走者は進塁か帰塁をすぐに決めなければならない。

ピッチャーズサークル

サークルのほぼ中心にプレートがある。このサークル内で投手はピッチングをおこなう。

2.44m

プレートの前辺中央がサークルの中心点

踏み込んだ足がサークルの外に出てしまうこともあるが、ルール違反ではない

プレート（投手板）

プレートの幅は60.96cmある。投球始動時は両足をプレートに触れなければならない。

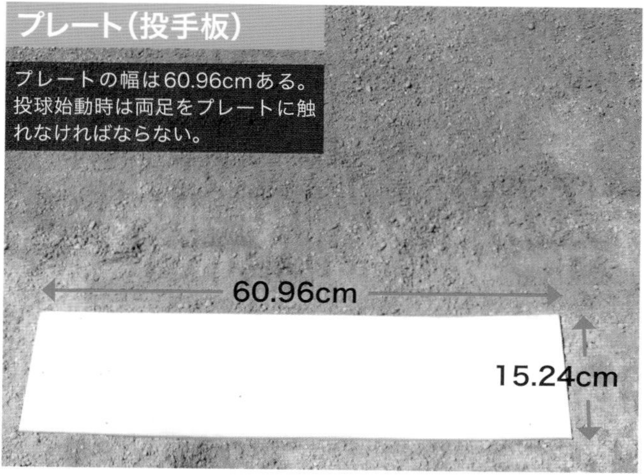

60.96cm

15.24cm

自分たちの手で競技場をつくろう

平坦で障害物がなければ競技場はつくれる

最近はソフトボール専用球場も増えているが、野球場や多目的広場などで競技をすることも多い。そこで競技ができるかどうかの基準は、平坦で障害物などがないこと。室内ドームのような場所なら十分な高さも必要だ。

たとえ、野球場を使わなければならなくても、ソフトボ

ールルールに則ったラインを引き、プレートやマウンドについての特別ルールを設ければ試合ができるだろう。

ここからは競技場のつくり方を解説する。これらを理解すればソフトボールを楽しむ自分たちの球場をもっともっと増やせるはずだ。

競技場のつくり方を覚えてどんどんソフトボールを楽しもう

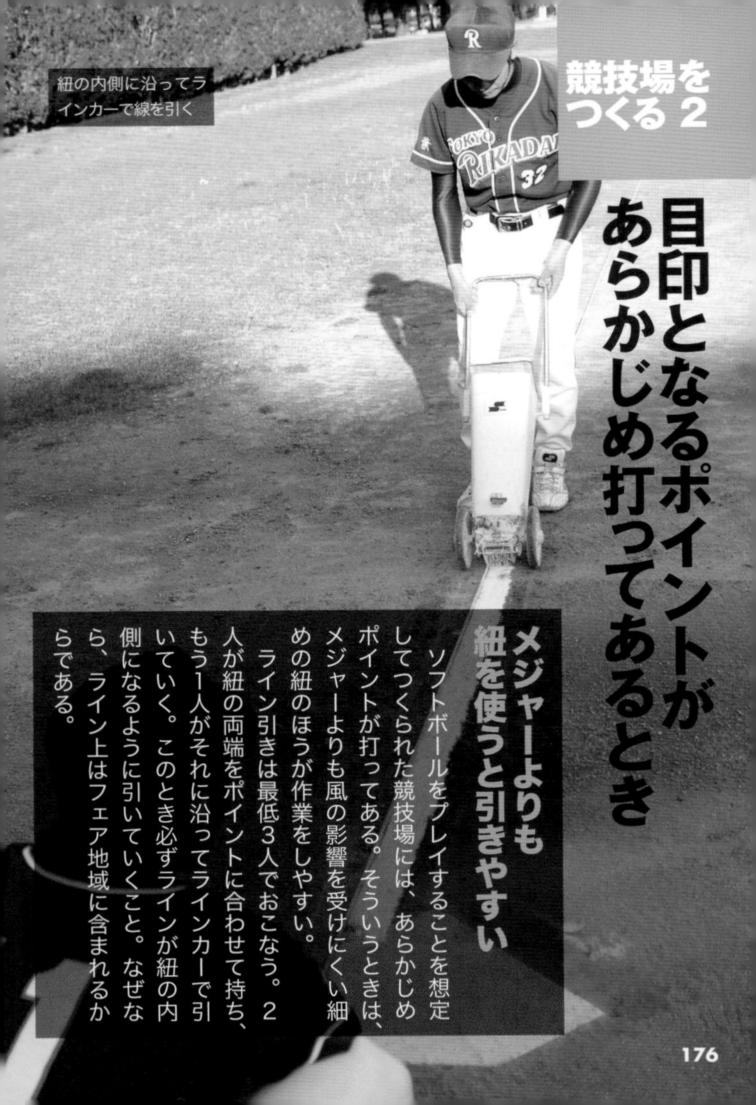

紐の内側に沿ってラインカーで線を引く

競技場をつくる 2

目印となるポイントがあらかじめ打ってあるとき

メジャーよりも紐を使うと引きやすい

ソフトボールをプレイすることを想定してつくられた競技場には、あらかじめポイントが打ってある。そういうときは、メジャーよりも風の影響を受けにくい細めの紐のほうが作業をしやすい。

ライン引きは最低3人でおこなう。2人が紐の両端をポイントに合わせて持ち、もう1人がそれに沿ってラインカーで引いていく。このとき必ずラインが紐の内側になるように引いていくこと。なぜなら、ライン上はフェア地域に含まれるからである。

ポイントがある球場での手順

1 ゼロポイント（ファウルラインが交わる部分）にホームプレートの角を合わせて置く

2 ゼロポイントから一塁、三塁方向へファウルライン、スリーフットレーンを引く

3 打者席、捕手席を引く

4 ピッチャーズサークルを引く（→P180）

5 コーチャーズボックス、次打者席を引く

6 一、二、三塁を置く（→P182）

内側に線を引く

ルール上、ライン上はすべて内側と判断するのでバッターズボックスやピッチャーズサークルはポイントの内側に線を引く。

白線上もバッターズボックスだ

競技場をつくる 3

ポイントがない場合は最初に基準線を決める

ファウルラインから決めていく方法

1 植木や建物に沿うようにして競技場の境界線を引く

2 境界線から7・62〜9・14メートルとって平行にファウルラインを引く

境界線とファウルラインを決める

4 印（一塁ベース）から18・29メートル、本塁から二塁ベース方向へ25・86メートル（対角線の長さ）の位置に、コンパスの要領で交点をとる

一塁と本塁の位置から二塁を決める

3 ファウルラインに沿って本塁から18・29メートルの位置に印をつける

一塁の位置を決める

5 同じように二塁と本塁からコンパスの要領で18・29メートルの交点をとり三塁の位置を決めて、三塁側ファウルラインを引く

二塁からも本塁からも18.29mの部分が三塁

注意!

安全のために、ファウルエリアを必ず7・62〜9・14メートルとること

競技場をつくる 4

ピッチャーズサークル、捕手席、打者席などをつくる

球場の各部をつくる（前ページからのつづき）

6 本塁・一塁の中間点から91センチメートルの幅でスリーフットレーンを引く

7 本塁から15センチメートル離して打者席を引く

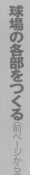

本塁から15cm離して打者席を作りはじめる

10 コーチャーズボックス、次打者席を引く

11 一、二、三塁を置く（→P182）

メジャーと杭などを組み合わせコンパスのように使い円を描き、その線に沿って白線を引く

8 打者席の後方に捕手席を引く

9 ピッチャーズサークルを引く

ピッチャーズサークルはプレートの前面の中間点が円の中心になる

センターラインからつくる方法

1 グラウンド全体を見わたして、本塁地点から25・86メートルのセンターラインを先に決める

2 決まった二塁と本塁から18・29メートルの距離をとり、その交点を一塁・三塁とする

本塁からセンターラインを先に決める方法

ダイヤモンドの角に正しく塁を配置する

本塁
指で押さえている本塁プレートの角がゼロポイント(基点)となる。メジャーの0の目盛りをここに合わせる。
ゼロポイント
ファウルラインに対して2辺を合わせる

二塁は角を合わせて配置しない

すべてのラインが正確に引けたらベースを設置する。

まず、ファウルラインが交わる部分に本塁を置き、その交わる部分から18・29メートルになる部分の手前に一塁と三塁を置く。基本はベース上もフェアであるのでダブルベースは白い部分がフェア地域になるように設置。三塁は一塁のオレンジベース部分がないものと考えればよい。

注意するのは二塁。他の塁のようにラインに角を合わせるのではなく、ラインの交点とベースの中心を合わせるように置く。

一塁

一塁側ファウルラインと一塁と二塁を結ぶ線に白ベースの角を合わせて置く。18.29mの内側にベースを置く。

白ベースがフェア地域になるようにする

二塁

一・三塁ベースからそれぞれ18・29mを測った交点(ダイヤモンドのセンター側の角)にベースの中心点を合わせるように置く。

二塁だけはベースの辺をラインに合わせず中心に置く

一塁と三塁からの線の交点

ボールの大きさは1号から3号まで3種類

いろいろなボール

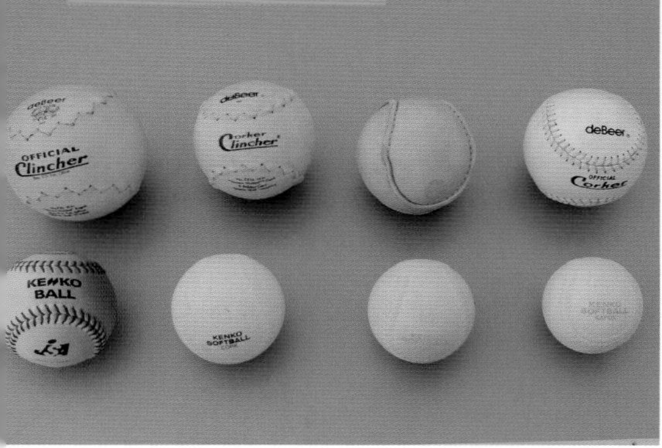

日本で公式に認められているもの以外にも、さまざまな大きさや材質のボールがある。左上が16インチ、右上から2番目が14インチのアウトシーム。

一般的な大会ではゴム製が多い日本リーグなどでは革製

ソフトボールには材質や大きさの違うさまざまなボールがある。試合に使えるのはJSA検定（公益財団法人日本ソフトボール協会）マークが入っているものである。

一般的にはゴム・革製のボールが使用される。大きさは1号から3号まであり、大きい数字のボールほど大きく、大会によって使用球が決まっている。

日本リーグなどで使用される3号の革製や、学校体育専用の柔らかいボールなど種類はいろいろある。

ボールの大きさと重さ

※3号球には3号バット、1、2号球には1、2号バットを使用する

名称	周囲の長さ ()内は誤差	重さ ()内は誤差
3号(革) →日本リーグ などで使用	30.48cm (±0.32)	187.82g (±10.63)
3号(ゴム) →主に一般用 (中学生〜)	30.48cm (±0.32)	190g (±5)
2号(ゴム) →主に小学生が使用	28.58cm (±0.32)	163g (±5)
1号(ゴム) →小学生用	26.70cm (±0.32)	141g (±5)

ソフトボールの中身

中身の材質はカポック（右）のものやコルク（左）のものなどがある。また、最近ではウレタン製のボールも増えてきた

バットのルール

1、2号球には1、2号バット 3号球には3号バットを使う

長距離打者用のヘッドが重いバットや、アベレージヒッター用の振り抜きやすいバットなどがある

バットの長さと重さ、グリップなどに規定がある

打者がボールを打ち返すための用具をバットという。材質は木材、金属、プラスチック、カーボン、チタン合金などいろいろあるが、長さや重さに規定がある。

3号球を使う試合では、3号バットを使う決まりだが、1、2号球を使う場合は1、2号どちらのバットを使ってもよい。また、表面を傷つけたり、凹凸があったり、変造したものは試合で使えない。握りの部分にはテープなどの安全グリップをつけ、安全ノブが必要。安全と認められたロジンやスプレーなどでグリップ性を高めてもよい。

バットの号数

※大会によって使用できる号数が決まっている

名称	長さ	直径 ()内は誤差	重さ	安全グリップ
3号バット	86.36cm以内	5.72cm以内 (+0.79mm)	1.08kg以内	25.4～38.1cm
2号バット	81.3cm以内	5.08cm以内 (+0.79mm)	1.08kg以内	23.8～35.8cm
1号バット	78.8cm以内	5.08cm以内 (+0.79mm)	1.08kg以内	23.1～34.6cm

審判員による検査

試合で使用するバットは試合前に審判員による検査済みのものに限られる。

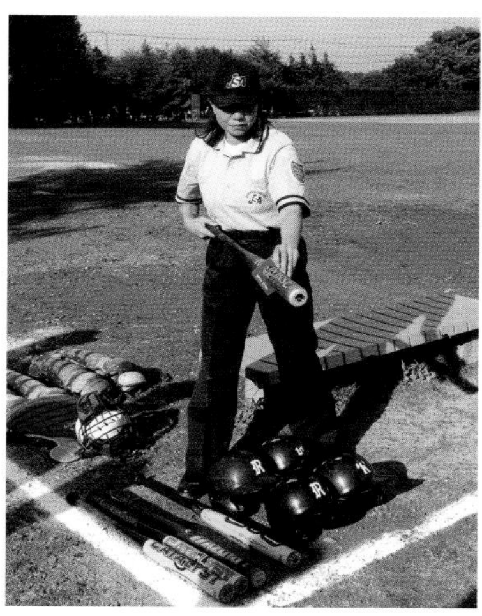

検定マークの有無や太さなどが審判員によって検査される

グラブのルール

グラブやミットはボールを捕球するための用具

グラブとミット

左がミットで右がグラブ。ミットは捕手と一塁手だけが使用できる

ミットが使用できるのは捕手と一塁手だけ

守備側の選手は、速い打球や送球をキャッチするためにグラブ（グローブ）やミットを着用する。

グラブはだれでも使用できるので、もし一塁手や捕手がグラブで守備をしても問題ない。ミットはソフトボールの場合、捕手と一塁手が同型のものを使うが、これで守備をしていいのは捕手と一塁手だけである。

また、投手以外のグラブやミットはどんな色でもよい。投手はグラブの紐を含め多色でもよいがボール以外の色でなければいけない。

グラブの寸法

グラブの大きさを制限するため、各部の長さが決められている。主なものは以下の通り。
●網の幅
12.7cm以下
●親指先から手首まで 23.5cm以下
●人差し指先から手首まで
35.6cm以下
など。

投手のグラブはボールと別の色でなければならないなど、寸法以外にも決まりがある

グラブは使うほど手に馴染むもの。常に手入れをして、大切に使うのが名手への第一歩だ

チームで揃ったユニフォームを着る

ユニフォーム前面

ユニフォームはチームで同じデザインのものを着用するのがルール。胸下にユニフォームナンバーを入れ、男子は全員が帽子をかぶる。女子は帽子やサンバイザーなどを混用してもよく、無帽でもよい。

チームで同じデザインを着用

ユニフォームナンバーは1から99番までをつける

試合で着るユニフォームはチームで同色、同意匠が原則だ。ショートパンツをはく女子チームの監督とコーチは、ズボンは同色であればよい。

ユニフォームナンバーは背中と胸下につける。監督は30、コーチは31、32、主将が10で、それ以外は1から99番までをつける。

また、小・中学生、一般男子、レディースなどは金属スパイクが使えない。シューズの金属性スパイクは針状のものは使えない。また高さが1・9センチメートル以内という決まりだ。

ユニフォーム背面

背中には個人名やチーム名を入れることもできる。ユニフォームナンバーは30が監督、コーチが31と32、主将が10と決まっている。

ユニフォームナンバーを入れるのが決まり

アンダーシャツ

アンダーシャツは必須ではないが、一人でもアンダーシャツを着用する場合は、他の選手は同色のものを着用しなければならない。

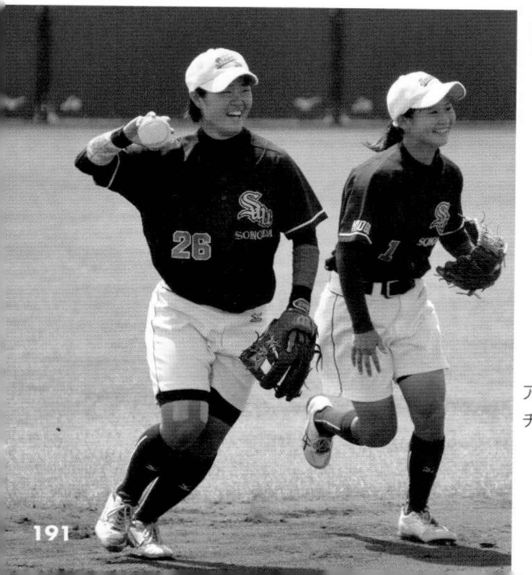

アンダーシャツの色はチームで統一する

その他の装備

捕手はヘルメット、マスク、プロテクター、レガーズを着用

捕手は他の守備者よりも近い位置で打球を受ける。そのため安全のためのいろいろな防具をつけなければならない

安全にソフトボールを楽しむために

安全にプレイを楽しむために、着用しなければならない防具がある。

打者や次打者、打者走者や走者は両耳当てのあるヘルメットをかぶる。高校生以下のベースコーチもこれをかぶらなければならない。また、守備者が安全のためにヘルメットをかぶることも許されている。

捕手はヘルメットのほかに、のどを守るスロートガード付きマスクもつける。この2つは投球練習や準備投球のときにも必ずつけること。他にも試合中はボディプロテクターやヒザ当て付きレガーズもつける。

捕手の防具

捕手はスロートガード付きのマスクと捕手用ヘルメット、プロテクター、ヒザ当て付きレガーズを着用する。

捕手用ヘルメットはJSA検定マークが、マスクはSGマークが入っているものを使用する

ヘルメット

攻撃側がかぶるヘルメットは左右両方に耳当てのあるものでJSA検定マークが入っているものでなければならない。

事前に申請した選手はフェイスガード付きのヘルメットを使用できる

Column

ルールの周辺(7)

審判員が「信頼される判定」をするために心がけていること

（1）試合中の姿勢、ジェスチャー、発声、動きなどは、その基本をしっかり身につけること。

（2）ボールインプレイ中は、絶対にプレイから目を離さないこと。

（3）判定は早からず遅からず、最後までよく見てから宣告すること。

（4）プレイを判定するときは、最もよく見える位置に動き、必ず止まり、プレイの完了を確認してから宣告すること。

（5）セーフ・アウトの動作ははっきりと行うこと。きわどいプレイの判定は、ジェスチャーとコールを大きくすること。

（6）常に、次に起きるプレイを想定すること。ただし、「セーフになるだろう」「アウトだろう」などとプレイの結果を予測してはならない。

（7）決して埋め合わせをしてはならない。埋め合わせをすることは失敗を重ねることであり、判定に対する不信感を生じさせるだけである。

［公益財団法人日本ソフトボール協会：競技者必携参照］

PART9
審判のルール

審判員の権限

審判員には球審と塁審がある

ルール通りに試合をする権限を持ち、全責任を負う

塁審と球審はお互いに補いながら判定をしていく

審判員は試合を進行し、さまざまなプレイの結果を判定する。通常は各塁に1人ずつ配置するが、必要なときはさらにライト側とレフト側に外野審を置くことができる。

審判員の判定は絶対であり、監督や選手は判定に従わなければならない。

判定が明らかなルール違反でない限り変更はしない。審判員に対して監督からルールに基づく抗議や疑問があったときは、他の審判員と協議をして最終決定する。

審判員についての一般的な知識

1 審判員は、両チームのメンバーと関係があってはならない。

2 審判員は試合の日時、場所を確認していなければならず、所定の時刻までに球場に到着しなければならない。

3 男性および女性の審判員は次の服装を標準的なものとする。

①審判服はパウダーブルーの半袖または長袖シャツ。
②ダークネイビーブルー（濃紺色）の靴下。
③ダークネイビーブルーのスラックス。
④前面にＪＳＡの白文字の入ったダークネイビーブルーの帽子。
⑤ダークネイビーブルーのボール袋（球審のみ）。
⑥ダークネイビーブルーのジャケットまたはセーター。
⑦黒い靴とベルト。
⑧パウダーブルーのシャツの下に白いTシャツ。

4 審判員は、危険を引き起こすおそれのある装飾品を身につけてはならない。

5 球審は、スロートガード付きマスクをつけなければならない。また、ボディプロテクターとレガーズをつける。

6 審判員は、監督・主将・スコアラーに自己紹介をする。

7 審判員は、球場の境界・設備を点検し、すべてのグラウンドルールを両チーム監督に明確に知らせておく。

8 審判員は、試合が終了するまでのプレイ中やプレイ停止中に起こった違反について、決定する権限を持つ。

（Ｐ199へつづく）

ルール違反と退場

ルール違反者は警告や退場になる

マナーを守って楽しくプレイしよう

言葉や野次で相手チームを侮辱しない競技場内は禁煙

相手を侮辱する言葉はルール違反だ。チームのメンバーは、審判員の判定に対し、不服の言動や不満の態度を示してはならない。

また、チームのメンバーは、競技場内（ベンチを含む）で喫煙をしてはならない。

この場合、チームに対して警告が与えられ、再度繰り返すとその違反者が退場になる。

退場させられた監督、選手などは試合が終了するまで球場から離れていなければならない。これに違反すると没収試合となる。

審判員についての一般的な知識

（P197からのつづき）

9 **審判員は、オフィシャルルールに定められている通り、それぞれの権限を超えることは許されず、他の審判員によってなされた判定に干渉したり批判したりする権限はない。**

10 **審判員は、いつでも他の審判員と協議してよい。しかしながら、最終的な判定は、当然その判定をなすべきであった唯一の権限を持つ審判員にある。**

11 **審判員の任務を明確にするために、ボールやストライクなどを判定する審判員を「球審」、ベースについて判定する審判員を「塁審」とする。**

12 **球審または塁審は、次の事項については同等の権限を持つ。**

①走者が塁を早く離れたための〝離塁アウト〟の宣告。
②プレイ中断のための〝タイム〟の宣告。
③ルールに違反したプレイヤー、監督やコーチに対する退場命令。
④不正投球の宣告。
⑤インフィールドフライの宣告。

13 **審判員は、ルールに従って打者または走者をアウトにする場合には、アピールを待たないで決定できる。**

（注）審判員は塁の空過、タッチアップの早過ぎ、打順の誤り、無通告交代（不正交代）、代替プレイヤー違反、再出場違反、一塁通過後二塁へ向かおうとしたときは、アピールがあってからアウトを宣告する。

14 **審判員は、ペナルティを課すことが違反したチームに有利になる場合は、ルール違反を理由にそのチームにペナルティを課してはならない。**

15 **審判員がルール10（審判員についてのルール）を完全に履行しなかったことを理由に抗議してはならない。**

これらは審判員への助言である

審判への抗議

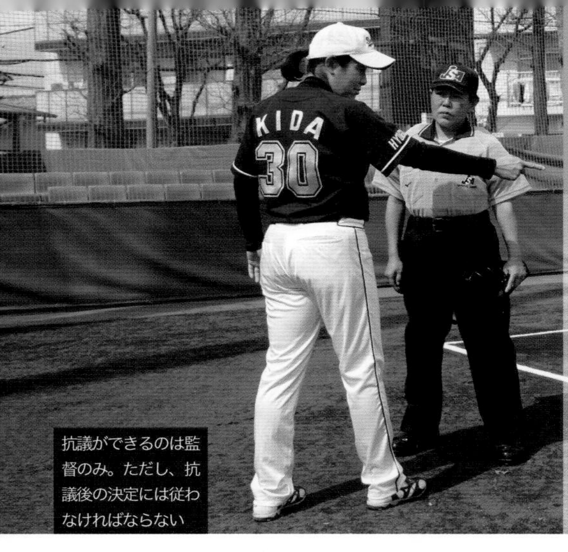

抗議ができるのは監督のみ。ただし、抗議後の決定には従わなければならない

抗議（プロテスト）できるのはルールの解釈や適用について

基本的な判定に抗議はできない

抗議（プロテスト）とは審判員のルールの適用に間違いがあるときなどに確認ができる権利である。また、抗議ができるのは監督だけであり、選手やコーチなどは抗議ができない。

抗議では、不適格な選手の出場やルール解釈の違い、または誤ったルールの適用を正すように求めることができる。

審判員は他の審判員と協議するなどして最終決定を下す。監督はこの決定に従わなければならない。

抗議ができない場合

1 投球がストライクかボールか。
2 投球が正しいか不正か。
3 打球がフェアかファウルか。
4 打球が直接フェンスを越えたかどうか。
5 飛球が捕られたかどうか。
6 飛球がインフィールドフライかどうか。
7 走者がセーフかアウトか。
8 走者が塁に触れたかどうか。
9 走者のタッチアップが早過ぎたかどうか。
10 守備妨害かどうか。
11 打撃妨害・走塁妨害かどうか。
12 プレイヤーまたは球が競技場外に出たかどうか。
13 試合を続行したり、再開するのに適しているかどうか。
14 試合を続行するのに十分な照明があるかどうか。
15 単に審判員の判定の正確性という点に含まれている、いろいろな事項。

(注) 本項の判定内容について、チームは説明を求めることはできないし、審判員もこれに応じてはならない。

抗議ができる場合

1 プレイングルールの解釈の違い。
2 審判員のルールの適用の間違い。
3 違反に対するペナルティ適用の間違い。
4 チームメンバーの適格性。

(注) 試合中、抗議できるのは監督だけである。プレイヤーには抗議権はない。

ボール
デッド

ボールデッドではプレイはいったん止まる

ボールデッド

ボールデッド中は、ランナーは進塁できないし、守備側もランナーをアウトにできない。これは試合をするうちに感覚的にわかってくること。

審判が"タイム"を宣告したときにはボールデッドになる

ボールデッドになるとき

1 審判員が〝タイム〟を宣告したとき。
2 球審がプレイと関係のない他の義務を果たすためにその位置を離れたとき。
3 投手が球を受けるか、あるいは球審がプレイを指示したのち、20秒以内に次の投球をしなかったとき。
4 無効投球が宣告されたとき。
5 投球が場外に出たりバックネットに挟まったとき。
6 投球が打者の身体や衣服に触れたとき。
7 次打者が守備の妨害をしたとき。
8 球審が〝プレイ〟を宣告したのち、打者が10秒以内に打撃姿勢をとらなかったとき。
9 打者が片足を完全に打者席外に踏み出して打ったり、バットに当てたとき。

10 打者が不正バットあるいは変造バットを持って、打者席に入ったとき。

11 投手が投球のため投手板に触れたのち、打者が反対側の打者席に移ってアウトになったとき。

12 打者が捕手の守備を妨害したとき。

13 打球がファウルボールになったとき。

14 打球が直接あるいは間接に競技場外へ出たとき。

15 打者走者が、スリーフットレーンの外側を走って野手の守備を妨害したとき。

16 打者走者が後ずさりアウトになったとき。

17 打者走者が本塁上のプレイを妨害したとき。

18 フェアボールが投手を含む内野手に触れる前、あるいは投手を除く内野手を通過する前に、フェア地域上の離塁中の走者か審判員に触れたとき。

19 走者が投球より早く塁を離れ、アウトを宣告されたとき。

20 走者が野手の処理し損なった打球を故意に蹴ったとき。

21 アウトを宣告された打者・打者走者・走者が守備妨害をしたとき。

22 走者が故意に逆走して守備を混乱させたとき。

23 走者が球を持っている野手に落球を狙って衝突したとき。

24 送球やフェアの打球がブロックトボールやオーバースローになったとき。

25 野手が〝故意落球〟をしたとき。

26 野手が打者の視界内に位置したり、守備位置を変えたりして、故意に打者を惑わすような行為をしたとき。

27 野手がボールインプレイの球を競技場外に出したとき。

28 ベースコーチが本塁方向に走って本塁への送球を誘ったとき。

29 攻撃側のメンバーが守備妨害をしたとき。

30 放置された用具に送球が触れたとき。

31 打球・送球および守備者が、打者・走者の頭から離れたヘルメットに触れて守備の妨害になったとき。

32 チームメンバー以外の者が競技場内に入り守備妨害したとき。

33 打者が故意四球を得たとき。

34 ボールインプレイになる場合を除くすべてのとき。

ボール
イン
プレイ

プレイが進んでいる状態が ボールインプレイ

ボールインプレイ

ボールインプレイは試合が進んでいる状態のこと。ボールデッドは試合が止まるので知らなくても問題ないこともあるが、ボールインプレイは知らないと不利になることが多い。

基本的には審判の"プレイ"から"タイム"までの間と覚えよう

ボールインプレイになるとき

1 球審が〝プレイ〟を宣告したとき。
2 投球動作中に投手の手から球がスリップしたとき。
3 投球が本塁に達する前に地面に触れたとき。
4 打者に〝ストライク〟が宣告されたとき、および打者に〝第3ストライク〟が宣告されたとき。
5 打者に〝ボール〟が宣告されたとき、および打者が〝四球〟を得たとき。
6 打者がフェアボールを打ったとき。
7 打者が打ってファウルチップになったとき。
8 飛球が捕球されたとき。

9 インフィールドフライが宣告されたとき。
10 フェアボールが投手を含む内野手に触れたのち、あるいは投手以外の内野手を通過したのちに、フェア地域上またはファウル地域上で審判員や走者に触れたとき。
11 打球が転がって、打者の落としたバットにフェア地域で触れたが、打者に妨害の意図がないと審判員が判断したとき。
12 走者が塁の占有権を得たとき。
13 走者が野手の触球を避けるために走路から3フィート以上離れて走ったとき。
14 走者がタッチアウト、またはフォースアウトされたとき。
15 走者が前位の走者を追い越したとき。
16 走者が逆走塁をしているとき。
17 走者のタッチアップが早過ぎたとき。
18 走者が進塁を放棄して場外に出てアウトを宣告されたとき。

---

19 固定してあった塁（ベース）が移動したとき。
20 送球が野手を通り抜けてプレイ可能な地域にとどまっているとき。
21 送球が審判員や攻撃側のプレイヤーに触れたとき。
22 試合中断後プレイが再開され、走者が塁に触れに戻らないでアウトが宣告されたとき。
23 ボールインプレイの球が競技場内に立ち入りを許された者（カメラマン、グラウンドキーパー、警察官など）に触れたとき。
24 送球が、偶然ベースコーチに当たったとき。
25 他の走者以外の者が走者の身体に触れ、走塁を援助したとき。
26 ボールインプレイの投球・打球・送球が守備側のプレイヤーのユニフォームまたは用具の中に球が入ったり、挟まったとき。
27 ボールデッドになる場合を除くすべてのとき。

ディレードデッドボール

一連のプレイが終わってから審判員が適切な処置をする

捕手が意識的に本塁プレートを塞いでしまっている

ディレードデッドボールの合図

左腕が真横に上がっているのが、ディレードデッドボールが認められた合図。

反則を受けたチームが有利な結果を選べることが多い

ディレードデッドボールとは、プレイが完了するまではボールインプレイで、そのプレイが一段落した後、審判員が適切な処置をすることを指す。

すなわち、プレイが一段落した後に、反則を受けた側が有利になる結果を選んだり、安全進塁権が与えられたりする。

このようなプレイがあったときは、反則を受けたことを主張するよりもまずは精一杯の結果を残すこと。そうすればプレイが止まってから、適切な処置がなされる。

ショートがランナーの走塁を妨害したのでディレードデッドボールの合図が出された

ディレードデッドボールになるとき

1 不正投球があったとき。
2 打撃妨害があったとき。
3 走塁妨害があったとき。
4 野手がグラブ・ミット・帽子などを故意に投げて送球やフェアの打球に触れたとき。
5 球審が捕手の塁への送球を妨害したとき。

審判のジェスチャー

（注）審判員のジェスチャーは、若干変更されることがあります。「基本形」として理解してください。

ストライク

1

捕手が捕球したのを見て「ストライク」とコールして右手を上げる

2

力を入れずに右手を軽く上げてハンマーポジション（ハンマーを軽く打とうとする構え）の動作

ボール

カラダを動かさないで「ボール」とコール

ボールカウントの表示

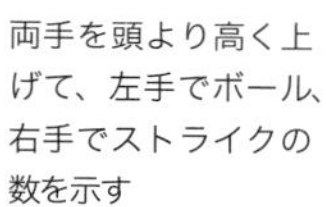

両手を頭より高く上げて、左手でボール、右手でストライクの数を示す

四球

その場で「ボールフォア」とコール

死球

1

両手を高く上げながら「デッドボール」とコール

2

右手で一塁を指し示す

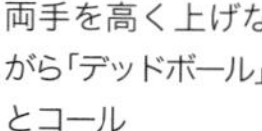

塁審アウト（きわどいタイミングの一例）

1

プレイヤーの方向へ
左足を踏み出す

2

右足を引き寄せなが
ら、右手をおろしは
じめる

3

右手を突き出しなが
ら「アウト」のコール

塁審アウト(通常)

左手はカラダの前面に置くか軽く握り、右手を上げた位置からヒジを直角まで曲げて「アウト」のコール

ディレードデッドボール

左手を握り真横に水平に上げる

塁審セーフ

両手を水平に伸ばしながら「セーフ」のコール

インフィールドフライ

「インフィールドフライ」とコールしてアウトのシグナルをする

解除のとき

右手で左腕をなでおろす

事前了解

各審判員が一斉に右手を軽く左胸に当てる

インフィールドフライの同調

球審か塁審が「インフィールドフライ」とコールした場合、ほかの審判は右手を挙げて人差し指を伸ばす

毅然とした判定のために

きわどいプレイなどでは、毅然とした判定をするため、はっきりとしたジェスチャーが必要な場面もある。写真はその一例だ。

1 大きな声で「ストライク」のコール

2 ジェスチャーを大きく

見逃し三振の一例

チェックスイング

1 塁審(右打者は一塁、左打者は三塁)を指して、「チェック」とコールする

2 スイングならば、塁審は左手を体の前面で軽く握り、右手をヒジが直角になる位置で「イエス」とコール

3 スイングしていなければ水平に両手を広げ「ノー」とコール

プレイボール

右手を高く上げて、手のひらを前に向けて開き「プレイボール」とコール

ファウル

打球の方向を見て、両手を高く広げ「ファウルボール」とコール

フェア

塁審は内野側の腕をフェア地域に真横に伸ばす

プレイ（左打者）

左手を前に伸ばしながら「プレイ」とコール

プレイ（右打者）

右手を前に伸ばしながら「プレイ」とコール

試合の終了

右手を高く上げて、「ゲーム」とコール（審判員・選手は共に帽子をとって挨拶する）

タイム

両手を開いて高く上げ「タイム」とコール

ボール 基本ルール

文部科学省「学習指導要領」の改訂により、平成23年4月より、小学校体育授業において、第3学年から『ベースボール型』ボール運動が必須種目になった。

特に、第5・6学年においては、ソフトボールとティーボールが「学習指導要領解説」の中で例示されている。

平成24年4月からは、中学校1・2年生の体育授業において、球技は、『ゴール型』『ネット型』『ベースボール型』の3つに区分され、それぞれが必須種目になった（『ベースボール型』はソフトボールのみ例示）。この結果、ソフトボールは、原則として、わが国の子どもたちが小学校から中学校にかけて必ず経験する種目となったのである。

そこで、公益財団法人日本ソフトボール協会は、児童・生徒の実態に合わ

資料 学校体育ソフト

Contents

せて、体育授業の中でみんなが楽しむことができる「学校体育ソフトボール基本ルール」を制定した。このルールの中では、素手でもグラブを使ってもプレイしやすいボールと、そのボールに対応するバットを使用する。その他、接触プレイを避けるために、1塁のダブルベースに加え、2・3塁のベースも通常のベースの4倍の大きさになる。ソフトボール関係メーカーでは、入門期の児童・生徒が扱いやすく、かつ、あまりお金がかからないグラブも開発している。

本章では、授業の中で安全に楽しむことができる（公財）日本ソフトボール協会制定「学校体育ソフトボール基本ルール」について丁寧に解説する。

競技場①

塁間・投捕間の距離は児童・生徒の実態を考慮して決めるのが望ましい

投捕間の距離は児童・生徒の実態を考慮して、指導者が短くしてもかまわない

ファウルラインはメジャーを使い、まっすぐに引く

塁間は18.29m（小学校高学年は16.76m）とし、30m以上（小学校高学年は25m以上）のファウルラインを引く。投手と捕手間の距離は12.19m（小学校高学年は10.67m）とし、60.96cm×15.24cmの投手板を描く。ストライクが入らない場合、児童・生徒の実態を考慮して、指導者が投捕間距離を短くしてもよい。その際、ピッチャー返しには十分注意させること。

競技場境界線（ボールデッドライン）は、原則としてファウルラインから5m以上離れたところに引く。メジャー・紐を使い、まっすぐに引くこと。

競技場・グラウンド

下は学校体育ソフトボール基本ルールでの競技場の規定。グラウンドに向かい合わせで2面の競技場をつくる場合は、できるだけホームランラインを引くことが望ましい。

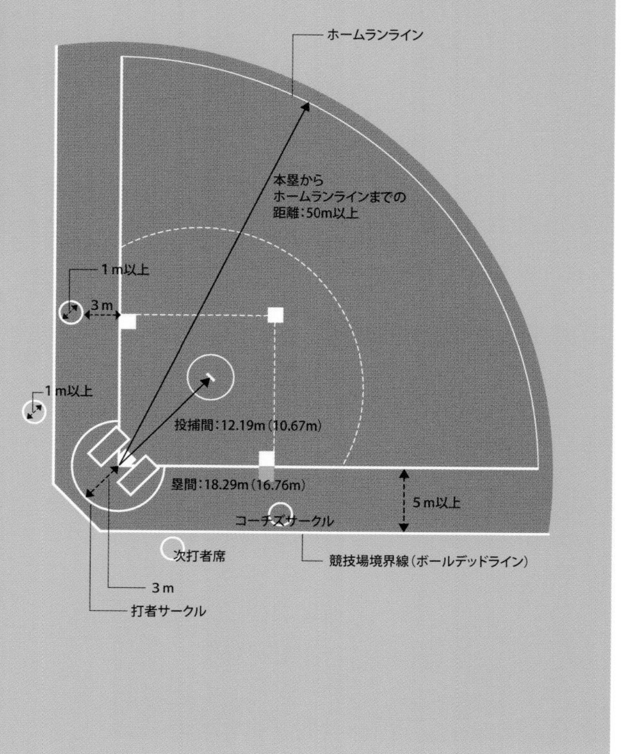

※投捕間、塁間におけるカッコ内の数字は小学校高学年の場合

競技場②

危険防止のため、半径3ｍの打者サークルを描く

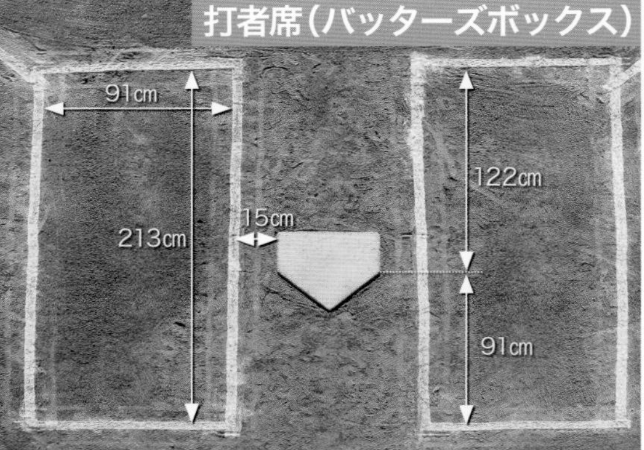

打者席（バッターズボックス）は本塁プレートから15cm離れたところに、縦2.13m、横0.91mの長方形を描く。

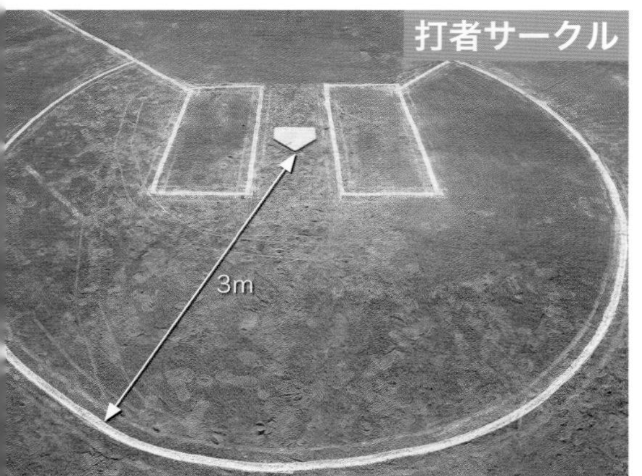

また、危険防止のため、本塁プレートの角を中心にして半径3ｍの打者サークルを描く。ただし、フェア地域内にはラインを引かない。

次打者席

1m以上

次打者席は競技場境界線（ボールデッドライン）の外側に直径1m以上のサークルを描く。

コーチズサークル

一塁、三塁ベースからファウルラインの外側3m以上の位置に、直径1m以上のコーチズサークルを描く。このサークルは、経験者が初級者へルールなどの助言をするアドバイス・サークルとして利用することが望ましい。

本塁・ベース

危険防止のため、ダブルベースセーフティベースを用いる

ホームプレートは守備側、攻撃側と2つ用意してもよい

ホームプレートは正規のプレートを用いる。危険防止のため、守備側・攻撃側と区別して2つ使用してもかまわない。接触プレイなどの防止を考慮して、攻撃側のホームプレート（スコアリングプレート）を、守備側のホームプレートの角から2m以上離れた打者サークルの内側に置き、三塁ベースから走者用のランニングラインを引く。

また、三塁とスコアリングプレートの中間にリターン禁止ライン（走者がこのラインを越えたら、三塁方向へ戻れない）を引く。

ホームプレート（本塁）

ホームプレートは前縁が43.18cmの正規のプレートを用いる。

43.18cm
43.18cm
21.59cm

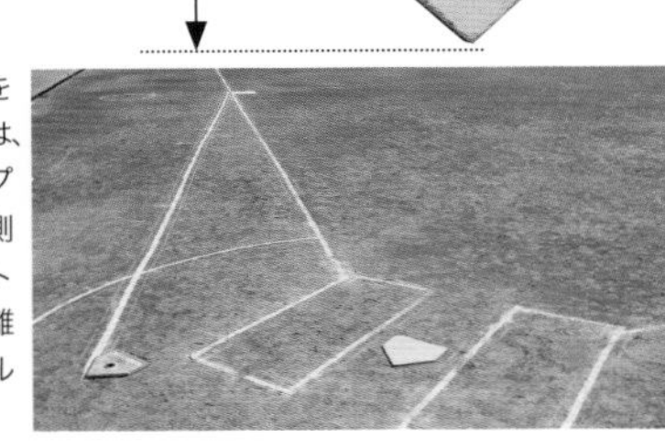

ホームプレートを２つ使用する場合は、攻撃側のホームプレートを、守備側のホームプレートの角から2m以上離れた打者サークルの内側に置く。

一塁用ダブルベース

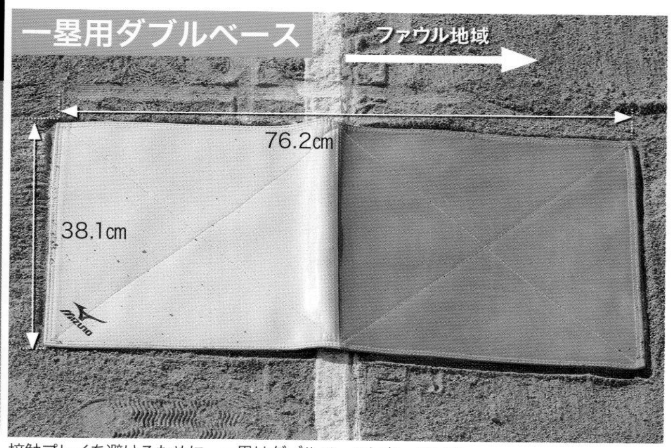

接触プレイを避けるために、一塁はダブルベースになっている。
原則として白色が野手用、オレンジ色が打者走者用。

二・三塁用セーフティ塁ベース

二・三塁用のベースは76.2cm平方のセーフティ塁ベースで、通常のベースの4倍の大きさ。守備者と走者の接触プレイを少なくする。

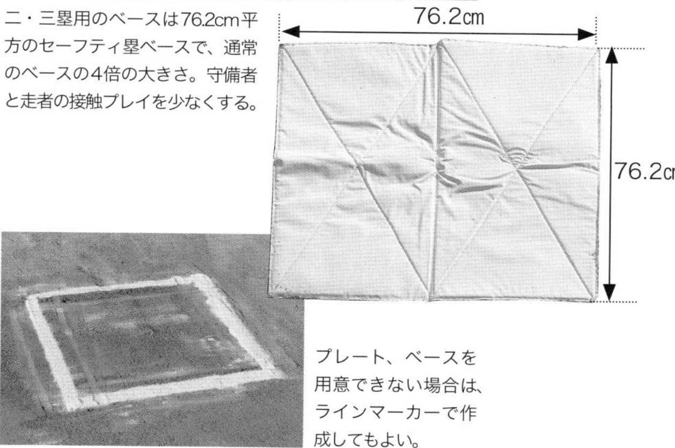

プレート、ベースを用意できない場合は、ラインマーカーで作成してもよい。

用具

ボール・バットは柔らかい専用の用具を使用する

服装

帽子またはバイザー、マスク・ヘルメットは必要に応じて使用してもよい。
体育の授業用の運動着を着用する。
金属製のスパイクは禁止。

ヘルメット等は必要に応じて使用してもよい

ボールは専用の「学校体育検定ボール」（3号・2号）を使用する。芯の素材はポリウレタンで、表面を柔らかいゴムでくるんである。バットも専用で、素材に主にポリウレタンを使用している「学校体育検定バット」を使用する。

マスク・ヘルメット等は必要に応じて使用してもよい。なお、使用する場合は、（公財）日本ソフトボール協会の検定品を使用することが望ましい。運動靴を使用するが、金属製のスパイクは禁止。

グラブ・ミット

学校体育ソフトボール用に開発されたグラブ、ミット。安い価格で購入できる。

学校体育検定ボール

3号または2号を使用。同サイズの検定球の質感を損なわずにソフト加工を施している。

指でつまんでもへこむほど柔らかくて安全なバットを使用する。

学校体育検定バット

チーム

1チームは原則10人 男女混合でもよい

球審の指示で相手チームの選手に挨拶をする

1チームの人数は原則として10人とする。チーム編成は男子、女子それぞれ単独のチームでも、男女混合でもよい。守備者は10人とするが、攻撃時には、数名のエキストラヒッター（打つだけの選手）を採用してもよい。

球審は試合開始に先立ち、両チームをベンチ前に整列させ、「集合準備」「集合！」のコールで、ホームプレートを挟んで整列させる。

整列後、球審の「双方、礼！」の合図で脱帽し相手チームの選手に「お願いします」と挨拶する。その後、審判員に一礼するのが望ましい。

集合

チームは男子単独、女子単独、男女混合のどれでもかまわない。

試合開始前に、球審の指示に従って挨拶をする。お互いに礼をした後、審判に向かって礼をすること。

試合時間は原則として30分以内とする

児童・生徒の実態に応じていろいろと工夫してもよい

試合は5イニングの表裏の攻撃で得点を競う。また、試合時間は原則として、30分以内とする。ただし、体育授業における「試合」は、児童・生徒の実態を考慮して、いろいろな工夫をして行うことが望ましい。例えば、スリーアウトによる攻守交代が原則であるが、状況によっては、スリーアウト交代にこだわらなくてもよい。

選手の交代は、試合開始時に登録された選手であれば自由とする。球審への通告は必要ない。登録選手は、審判員の合図によって整列し、挨拶を交わした選手のことを指す。

試合のルール

1 5イニングの表裏の攻撃で得点を競う

2 試合時間は原則として30分

3 スリーアウトで攻守交代

4 試合開始時に登録された選手の交代は自由

捕手はホームプレートの後方、打者サークルの
外側で中腰または立ったままで構えている。

投球①

1回転させずに肩を軸にして振り子のようにボールを投げる

ボールは山なりになるように、捕手へ向かってまっすぐに投げる。

ピッチャー返しの打球には十分注意すること

投手は、軸足・踏み出し足の両方で投手板を踏む。投球するほうの腕を、肩を軸にして振り子のように後ろに振って、足を一歩踏み出して投球する。踏み出し足を捕手に向かってまっすぐに踏み出すようにすること。これをスタンダード投法という。

ボールはホームプレートの角の後方（捕手寄り）1m以内の位置にバウンドするように山なりにボールを投げる。投げ終えた後は、ピッチャー返しの打球に十分注意すること。捕手は原則としてワンバウンド以上のボールを捕球する。

投球動作

セットポジションでは軸足・踏み出し足の両方で投手板を踏む。

投球するほうの腕を、肩を軸にして後ろに振る。

踏み出し足は捕手に向かってまっすぐに踏み出す。

腕を１回転させるのは禁止

×

１回転させてから投げるウィンドミル投法（p38）は禁止。

投球②

ボールは山なりに投げバウンドさせる

山なりに投げる

投手はボールを山なりになるように投げる。

ホームプレート後方1m以内にバウンドさせる。

セットポジション

軸足・踏み出し足で投手板を踏む。

踏み出し足を捕手に向かってまっすぐに踏み出すようにすること。

投球③

肩からヒザ頭の底部の間を通過するとストライクになる

ストライクゾーン

ストライクゾーンは、打者が攻撃しようと構えているときの、肩からヒザ頭の底部の間とする。

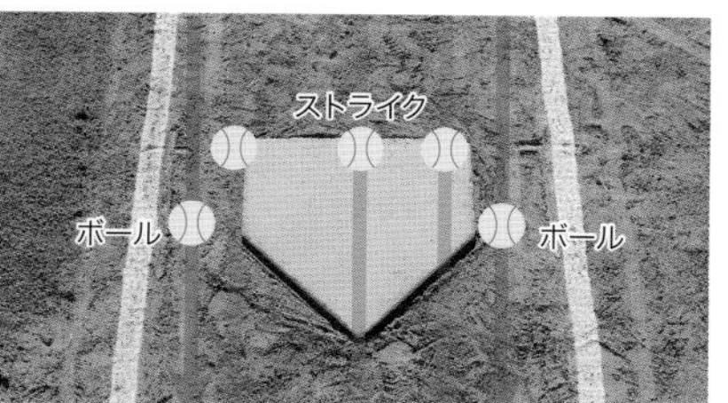

ホームプレート上を少しでも通過した場合はストライクになり、通過していない場合はボールになる。

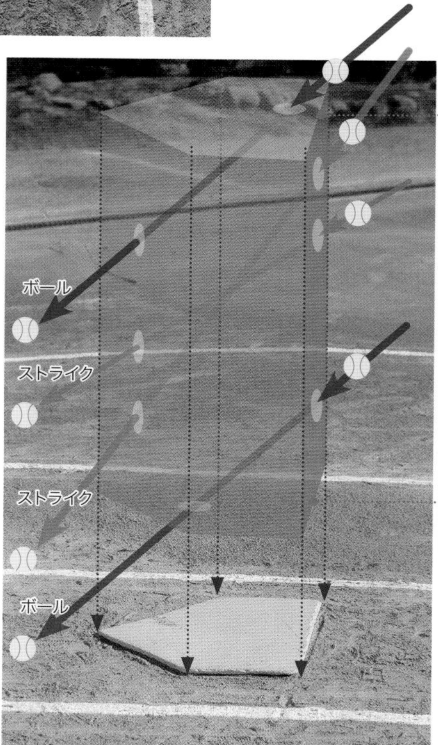

ストライクゾーンは、ホームプレートの上方空間にある。その空間をボールが通過した場合ストライクになり、外れた場合はボールになる。

攻撃

バントは原則的に禁止 死球はルールとして適用されない

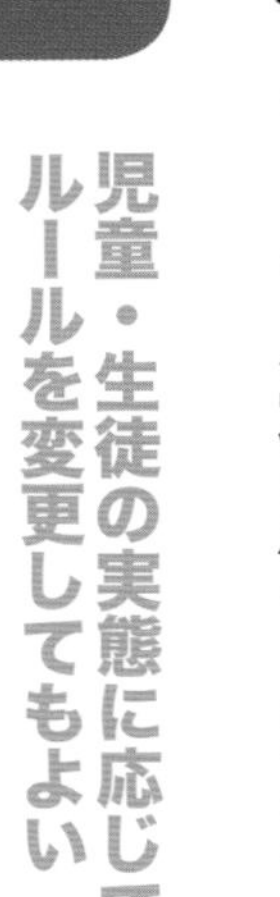

児童・生徒の実態に応じてルールを変更してもよい

攻撃する際は、三振、四球（フォアボール）は適用されるが、児童・生徒の実態に応じて変更するなど工夫すること。死球（デッドボール）はルールとして適用されない。バントは原則的に禁止で、もし打者がバントをした場合はアウトとする。ただし、児童・生徒の実態や興味を考慮して認めてもよい。

また、打者が、打者サークル外にバットを放り投げる行為は危険なので、十分に注意させること。

バットを放り投げない ×

危険防止のため、打者が打者サークル外にバットを放り投げることがないように十分に注意させること。

バントは禁止

×

バントは原則として禁止。ただし、児童・生徒の実態や興味を考慮して認めてもよい。

スライディングと盗塁は禁止 接触プレイにも注意

ベースに対してスライディングするのは禁止とする。

野手の悪送球には1個の安全進塁権が与えられる

走者は、打者が打つ前は離塁してはいけない。打者が打った後に離塁することができる。走者の盗塁は禁止とする。

また、進塁するときに、スライディングするのも禁止とする。

野手の悪送球については、1個の安全進塁権が与えられる。競技場境界線（ボールデッドライン）を越えた場合に、塁上の走者には、越えた時点で占有していたベースを基準にして1個の安全進塁権が与えられる。

離塁のタイミング

打ったら
離塁！

走者は、打者がボールを打った後に離塁することができる。盗塁は禁止。

打者走者はオレンジベースを使用

打者走者と野手がぶつからないように、打者走者はオレンジベースを踏むこと。

接触プレイに注意

本塁での接触プレイには十分に注意すること。

審判員は球審1名、塁審1名が原則 安全管理の責任者

球審の位置

球審は本塁・三塁の裁定に責任を持つ。右打者の場合は捕手の右側に立ち、左打者の場合は左側に立つ。

ストライク・ボールの裁定も球審が行う

審判員の数は、球審1名、塁審1名が原則だが、各塁に塁審を置いてもよい。また、審判員は1名でもよい。その場合、ルールに精通した先生、またはベースボール型経験者が望ましい。

球審は本塁・三塁の責任審判員とする。球審は、捕手と接触しないように右打者の場合は捕手の右側に立ち、左打者の場合は左側に立ってストライクゾーンの高低を裁定する。また、コースについては、ボールの落下点によって裁定する。塁審1名は一、二塁の責任審判員とする。

審判員は、試合運営をスムーズにするとともに、安全管理の責任者でもある。

塁審も１名で、一、二塁の裁定に責任を持つ。ただし、各塁に塁審がいてもよい。
走者がいない場合は、打者走者が見やすいように、ファウルライン上にいる。

走者がいる場合は、一塁、二塁を両方とも見やすいように、一塁手後方にいること。

グラブ、バット等の放置に注意

審判員は、競技場境界線（ボールデッドライン）内に、グラブ、ボール、バット等が放置されていたり、人がいる状態でプレイさせてはいけない。また、競技場周辺にいる人々がボールから目を離さないように絶えず注意し、危険防止を徹底すること。

キャッチボール・コンテスト①

ソフトボールに慣れるためのコンテスト形式のゲーム

1チーム9人で1分間のキャッチ数を競う

キャッチボール・コンテストとは、家庭や学校、地域社会において、ソフトボールに慣れ、仲間とふれあうことを目的に、キャッチボールを普及させるために、短時間でできるコンテスト形式でゲーム化したもの。

コンテストの時間は1分間とし、1チーム9人で時間内に正確にキャッチできた総キ

いつでも手軽にできるキャッチボールを通して、ソフトボールに親しみ、大好きにする環境づくりを目指したい。

ャッチボール数を競う。習熟度によって、ミスをしてもいい数を決めておく。例えば、ミスが2球までOKの場合には、3球めにミスが出た時点で試技は中止となる。また、技術・チームワーク・明るさなどをビューティー・ポイントとして採点する。

チーム全員で声を出してキャッチ数を数える

4対5に分かれて並び順番にリレーをする

チームは5～7ｍの間隔で両サイドに引かれたラインの外側に4対5に分かれて1列に並ぶ。「スタート」の合図で開始する。ボールを前方にいる仲間に投げてリレーする。送球後は自列の後方へ肩越しにボールを見ながら移動する。

全員で声をそろえて明るくはっきりとキャッチしたボールの数をかぞえる。総キャッチ数を「キャッチボール・ポイント」として記録する。ミスしても、地面に落ちる前に他の人がボールを捕球したら、キャッチしたものとみなす。

スタート位置

両サイドに４人対５人に分かれて一列に並ぶ。スタートの合図でキャッチボール開始。

他の人がキャッチした場合

自分がボールのキャッチをミスしても、地面に落ちる前に
他の人がキャッチした場合はキャッチしたものとみなされる。

自己判定と審査委員による採点で公正に判定をする

ボールを投げた後は、自分の列の一番後方へ移動する。その際、移動中にボールに当たると危険なので、危険防止のため、ボールから目を離さないように。肩越しにボールを見続け、すばやく動くことが望ましい。

コンテストの判定方法

1 各チームが1分間で行った総キャッチボール数が、そのままキャッチボール・ポイントとなる。複数回実施して合計ポイントを競ってもよい。 習熟度によってミスしてもいい数を決めておく。

2 競技終了後は、各チームの主将は、自己判定で総キャッチ数を審査委員に報告する。虚偽の報告をしたチームはその時点で失格とする。

3 キャッチボール・コンテスト審査委員（1名または複数）を置き、技術的な水準、正確さ、声の出し方（雰囲気）、美しさなどを採点して、ビューティー・ポイントとして加算する。審査委員は、周囲で見ている人全員が務め、挙手をしてビューティー・ポイントを決定する方法もある。

4 キャッチボール・ポイントとビューティー・ポイントの合計が総合ポイントとなる。

その他のルール

1 各チームには監督1名、主将1名を置く。

2 主将はビブスなどを着用する。

3 1チームの使用球は1球とする。

4 危険防止のため、チーム間は十分な間隔をとる。運営委員の指示に素直に従うこと。

5 協議開始前の全体練習の時間を定めて実施する。

6 終了の合図で速やかに競技を終了しなくてはならない。チーム全体の行動のメリハリも審査対象となる。

7 その他の工夫として、送球後は、自列後方ではなく前方の列へすばやく移動したり、ワン・バウンドやゴロを投げ合う方法もある。

ティーボール・ルールの要点

ティーボールは、本塁プレートの後方に置いたバッティングティーにボールを載せ、その止まっているボールを打者が打つ、ピッチャーがいない野球型スポーツです。

ティーボールは、打者が止まっているボールを打って、走って、守るため、短時間に適切な運動量が保証されるゲームでもあります。体育授業としては、誰でも親しみやすい最良の野球型スポーツといえます。

ここでは、日本ティーボール協会編「公認ティーボール規則」の要点を列挙します。詳しいことは、「公認ティーボール規則」を参照してください。

[主なルール]

1 競技場・用具について

(1) ホームプレートの角を中心に半径3mのバッターズサークルを描き、バッティングティーを、ホームプレートの後方50cm以上1m以内に置く。

(2) 塁間は、使用するボールのサイズ(周囲の長さが9・11・12・14インチ)によって10mから18.29mまでの幅がある。

(3) バット・ボール・バッティングティーなどの用具は、安全に配慮して協会公認のものを使用する。

(4) 靴は、運動靴を使用する。金属製スパイクは禁止する。

2 競技者について

(1) 競技者は、1チーム10～15名とする。

(2) 守備者は10名とする。本塁手(ホームベースマン)、1塁手・2塁手・3塁手・第1

遊撃手（ファーストショートストップ）・第2遊撃手（セカンドショートストップ）の5人の内野手、そして、左翼手・第1中堅手（レフトセンターフィルダー）・第2中堅手（ライトセンターフィルダー）・右翼手の4人の外野手、合計10名とする。その他の選手はエキストラヒッター（打つだけの選手）となる。

3 本塁手について

(1) 本塁手は、打者が打撃を完了するまでは、バッターズサークルの外にいなければならない。

4 打者について

(1) 打者は球審が「プレイ」と宣告した後、バッティングティーのボールを打つ。

(2) 打撃時の軸足の移動は1歩までとする。2歩以上動かしたときはストライクとなる。

(3) 2ストライクからのファウルは、打者アウトとする。

(4) バントやプッシュバントは認めない。

5 走者について

(1) 走者は、打者が打った後、離塁することができる。離塁が早いときは「離塁アウト」が宣告される。なお、盗塁は認めない。

6 試合について

以上のようなルールを基本にして、試合は、①アウトカウントに関係なく全打者が一巡するまで攻撃する方法、②攻撃側の打撃人数を決める方法、③3アウトによって攻守を交代する方法がある。

ミニソフトボール・ルールの要点

ミニソフトボールは、入門期の子どもたちにソフトボールを普及するために、主に小学校低・中学年を対象に考案されたルールです。ルールの適用に際しては、指導者が、競技場・用具・人数などの状況によって変えてよいことになっています。

なお、このミニソフトボール・ルールは、(公財)日本ソフトボール協会「オフィシャルスローピッチ・ルール」に準拠して作成されています。詳しいことは、同協会の「ミニソフトボールガイドブック」を参照してください。

[主なルール]

1 競技場・用具について

(1) バッテリー間は8ｍ(投手板の位置に50cmのラインを引く)、塁間は12～14ｍとする。

(2) 1塁ベースは、公式試合においては「ダブルベース」を使用する。

(3) 打者席は、縦1.2ｍ×横1ｍの長方形とする。

(4) 捕手席は、本塁プレートの端から後方3ｍの地点を中心に、半径1ｍのサークルを描く。

(5) ボール・バットは、安全に配慮してミニソフトボール用のものを使用する。

(6) 靴は、運動靴を使用する。金属製スパイクの使用は禁止する。

2 競技者について

(1) 競技者は、1チーム11名とする(11名以下でもよい)。男女混合も認める。

(2) 守備者は、11名とする。投手・捕手のバッテリー、1塁手・2塁手・3塁手・右遊撃手・左遊撃手の5人の内野手、そして、レフトからライト方向へ外野1・外野2・外野3・外野4の4名の外野手、合計11名とする。

(3) 選手の交代は自由とする(無通告でよい)。

3 試合について

(1) 試合は、5イニングとする。ただし、制限時間制を優先する。

(2) 試合時間は、40分以内とし、40分を超えて新しいイニングには入らない。

(3) 3アウトで攻守を交代する。

4 投手(投球)について

(1) 投手は、軸足を投手板上に置き、一歩踏み出して、打者が打ちやすいボールを投げる。

5 打者について

(1) 四球(フォアボール)・三振はあるが、死球(デッドボール)・バントはなし。

6 走者について

(1) 走者は、投手の手からボールが離れた後、離塁できる。ただし、盗塁はなし。

(2) スライディングは禁止。ただし、すべての塁において駆け抜けが認められる。

スローピッチソフトボール・ルールの要点

スローピッチソフトボールは、投手が速いボールを投げてはいけないソフトボールです。投手は山なりのゆるやかなボールを投げなければなりません。

ファストピッチに比して、投手は「ストライク」を投げやすく、打者はゆるやかなボールをどんどん打撃するため、打って、走って、守って、参加者全員の運動量が保証されるレクリエーション的色彩の強いソフトボールです。

ソフトボール誕生の地アメリカには、スローピッチのみを統括する全米ソフトボール協会も創設され、全米選手権なども開催されています。わが国でも、近い将来、老若男女の「参加型スポーツ」の代表格として普及、発展する可能性を秘めています。

ここでは、(公財）日本ソフトボール協会「オフィシャルソフトボール・ルール」に基づいて、ファストピッチと異なる要点を列挙します。

［主なルール］

1 競技場・用具について

(1) 男女とも、バッテリー間は14・02m、塁間は18・29mとする。

(2) バットとボールは、ファストピッチと同様とする。

(3) 捕手は、マスクを着用しなければならない。

(4) 金属製スパイクの使用は禁止する。

2 競技者について

(1) 競技者は、1チーム10名とする。ただし、エキストラヒッター（EH、打つだけの選手）を採用したときは11名となる。

(2) 守備者は、投手・捕手、1塁手・2塁手

・3塁手・遊撃手の4人の内野手、そして、左翼手・左中堅手・右翼手・右中堅手の4人の外野手、合計10名とする。

(3) 守備のスターティングメンバーには、一度に限り再出場が認められる。ただし、EHには、再出場は認められない。

3 投手について

(1) 投球に際しては、ボールが手から離れるまでは、軸足は投手板に触れていなければならない。自由足は踏み出さなくてもよいが、ステップするときは1歩に限られる。なお、ステップは、前方、後方、横のどこでもよい。

(2) 投手は、ボールを背後や両足の間、また、グラブから投げてはならない。

(3) 投球は、適当なスピードであって、地面から1・5m以上3m以下の高さでアーチを描くように投げなければならない。

4 打者について

(1) 打者は、バントしたりチョップヒットするとアウトになる。

(2) 打者は、第2ストライクの後、ファウルボールを打つとアウトになる。

5 走者について

(1) 走者は、投手の投球が本塁プレート（その上方空間）に達する前に離塁してはならない。違反すると離塁アウト。

(2) 投球が打たれない限り、走者はどのような条件においても進塁（盗塁）することはできない。

監修

木田京子（きだ・きょうこ）

園田学園女子大学人間健康学部准教授／園田学園女子大学ソフトボール部監督／元女子日本代表アシスタントコーチ／元女子U19日本代表ヘッドコーチ

現役時代は日立ソフトウェア女子ソフトボール部（当時）で活躍。96年には日本リーグ首位打者を獲得し、ベストナイン（指名打者）にも選出される。引退後は、母校である園田学園女子大学ソフトボール部の監督に就任。チーム全員で練習メニューを考えるなど、自主性を尊重し、選手自らが考えて行動することを理念とした指導に定評があり、全日本大学ソフトボール選手権優勝など、毎年輝かしい成績を収めている。

協力審判員

林 熊吉

国際審判員・千葉県ソフトボール協会参与

栗田浩子

（公財）日本ソフトボール協会第1種公認審判員

舟川菜穂子

（公財）日本ソフトボール協会第1種公認審判員

撮影協力

園田学園女子大学ソフトボール部

東京理科大学ソフトボール部

江戸川区立葛西第三中学校
女子ソフトボール部

国際武道大学女子ソフトボール部
城西大学女子ソフトボール部
東海大学女子ソフトボール部

わかりやすいソフトボールのルール

2023年8月10日発行

監　修　木田京子（きだきょうこ）

発行者　深見公子

発行所　成美堂出版
〒162-8445　東京都新宿区新小川町1-7
電話(03)5206-8151　FAX(03)5206-8159

印　刷　株式会社フクイン

ISBN978-4-415-32986-4
落丁・乱丁などの不良本はお取り替えします
定価はカバーに表示してあります